U0465152

扬州是个"好地方"

中国式现代化的扬州故事

"中国式现代化的故事"丛书·特色城市辑

张占斌 总主编

中共扬州市委党校（扬州市行政学院） 编著

中央党校出版社集团
国家行政学院出版社

图书在版编目（CIP）数据

扬州是个"好地方"：中国式现代化的扬州故事 / 国家行政学院出版社, 2024.12. -- ("中国式现代化的故事"丛书 / 张占斌主编). -- ISBN 978-7-5150-2964-1

Ⅰ.D675.33

中国国家版本馆CIP数据核字第2024YN0756号

书　　名	扬州是个"好地方"——中国式现代化的扬州故事 YANGZHOU SHI GE "HAODIFANG" —— ZHONGGUOSHI XIANDAIHUA DE YANGZHOU GUSHI
作　　者	中共扬州市委党校（扬州市行政学院）　编著
统筹策划	胡　敏　刘韫劼　陈　科
责任编辑	陈　科　曹文娟
责任校对	许海利
责任印刷	吴　霞
出版发行	国家行政学院出版社 （北京市海淀区长春桥路6号　100089）
综 合 办	（010）68928887
发 行 部	（010）68928866
经　　销	新华书店
印　　刷	北京新视觉印刷有限公司
版　　次	2024年12月北京第1版
印　　次	2024年12月北京第1次印刷
开　　本	170毫米×240毫米　16开
印　　张	12.75
字　　数	171千字
定　　价	56.00元

本书如有印装问题，可联系调换。联系电话：（010）68929022

出版说明

党的二十大报告指出，从现在起，中国共产党的中心任务就是团结带领全国各族人民全面建成社会主义现代化强国、实现第二个百年奋斗目标，以中国式现代化全面推进中华民族伟大复兴。习近平总书记在中央党校建校90周年庆祝大会暨2023年春季学期开学典礼上的讲话中首次创造性提出"为党育才、为党献策"的党校初心。紧扣党的中心任务，践行党校初心，中央党校出版集团国家行政学院出版社和中央党校（国家行政学院）中国式现代化研究中心特别策划"中国式现代化的故事"丛书，邀请地方党校（行政学院）、宣传部门、新闻媒体、行业企业等方面共同参与策划和组织编写，从不同层次、不同维度、不同视角讲述中国式现代化的地方故事、企业故事、产业故事，生动展示各个地区、各个领域在大力拓展中国式现代化新征程上的理念创新、实践创新、制度创新、文化创新等，精彩呈现当代中国以中国式现代化全面推进中华民族伟大复兴的宏大历史叙事，以讲好中国式现代化的故事来讲好中国故事。

该丛书力求体现这样几个突出特点：

其一，文风活泼，以白描手法代入鲜活场景。本丛书区别于一般学术论著或理论读物严肃刻板的面孔，以生动鲜活的题材、清新温暖的笔触、富有现场感的表达和丰富精美的图片，将各地方、企业推进中国式现代化建设的理论思考、战略规划、重要举措、实践路径等向读者娓娓道来，使读者在沉浸式的阅读体验中获得共鸣、引发思考、受到启迪。

其二，视野开阔，以小切口反映大主题。丛书中既有历史人文风貌、经济地理特质的纵深概述，也有改革创新举措、转型升级案例的细节剖解，既讲天下事，又讲身边事，以点带面、以小见大，用故事提炼经验，以案例支撑理论，从而兼顾理论厚度、思想深度、实践力度和情感温度。

其三，层次丰富，以一域之光映衬全域风采。丛书有开风气之先的上海气度，也有立开放潮头的南粤之声；有沉稳构筑首都经济圈的京津冀足音，也有聚力谱写东北全面振兴的黑吉辽篇章；有在长江三角洲区域一体化发展中厚积薄发的安徽样板，也有在成渝地区双城经济圈中走深走实的川渝实践；有生态高颜值、发展高质量齐头并进的云南画卷，也有以"数"为笔、逐浪蓝海的贵州答卷；有"强富美高"的南京路径，也有"七个新天堂"的杭州示范……。丛书还将陆续推出各企业、各行业的现代化故事，带读者领略中国式现代化的深厚底蕴、辽阔风光和壮美前景。

"中国式现代化的故事"丛书既是各地方、企业推进中国式现代化建设充满生机活力的形象展示，也是以地方、企业发展缩影印证中国式现代化理论科学性的多维解码。希望本丛书的出版，能够为各地方、企业搭建学习交流平台，将一地一域的现代化建设融入全面建设社会主义现代化国家的大局，步伐一致奋力谱写中国式现代化的历史新篇章。

国家行政学院出版社
"中国式现代化的故事"丛书策划编辑组

总 序

党的二十大擘画了全面建成社会主义现代化强国、以中国式现代化全面推进中华民族伟大复兴的宏伟蓝图。中国式现代化是前无古人的开创性事业,是强国建设、民族复兴的康庄大道。回顾过去,中国共产党带领人民艰辛探索、铸就辉煌,用几十年时间走完西方发达国家几百年走过的工业化历程,创造了经济快速发展和社会长期稳定的两大奇迹,实践有力证明了中国式现代化走得通、行得稳;面向未来,在以习近平同志为核心的党中央坚强领导下,各地方各企业立足各自的资源禀赋、区位优势和产业基础、发展规划,精心谋划、奋勇争先,在推进中国式现代化过程中将展现出一系列生动场景,一步一个脚印地把美好蓝图变为现实形态。

中国式现代化,是中国共产党领导的社会主义现代化,既有各国现代化的共同特征,又有基于自己国情的中国特色。中国式现代化,是人口规模巨大的现代化,是全体人民共同富裕的现代化,是物质文明和精神文明相协调的现代化,是人与自然和谐共生的现代化,是走和平发展道路的现代化。这五个方面的中国特色,不仅深刻揭示了中国式现代化的科学内涵,也体现在不同地方、企业推进现代化建设可感可知可行的实际成果中。中国式现代化理论为地方、企业现代化的实践探索提供了不竭动力,地方、企业推进中国式现代化建设的成就也印证了中国式现代化道路行稳致远的时代必然。

为讲好中国式现代化的故事，更加全面、立体、直观地呈现中国式现代化的丰富内涵和万千气象，中央党校（国家行政学院）中国式现代化研究中心和中央党校出版集团国家行政学院出版社联合策划推出"中国式现代化的故事"丛书，展现各地方、企业等在着眼全国大局、立足地方实际、发挥自身优势，推进中国式现代化建设上的新突破新作为新担当，总结贯穿其中的完整准确全面贯彻新发展理念、构建新发展格局、推动高质量发展的新理念新方法新经验。我们希望该系列丛书一本一本地出下去，能够为各地更好推进中国式现代化建设以启迪和思考，为以中国式现代化全面推进中华民族伟大复兴凝聚更加巩固的思想基础，为进一步推进中国式现代化的新实践、书写中国式现代化的新篇章汇聚磅礴力量。

中央党校（国家行政学院）中国式现代化研究中心主任

2023 年 10 月

序 言

悠远绵长的历史，青春洋溢的风采；

深沉厚重的内蕴，轻盈曼妙的身姿；

玲珑有致的体量，开阔坦荡的襟怀；

沉稳内敛的性格，创新创造的热情；

繁华热闹的人间烟火，铿锵有力的时代跫音；

……

扬州，这座被习近平总书记称赞为"好地方"的城市，这座"依水而建、缘水而兴、因水而美"的大运河原点城市和"世界运河之都"，这座文明、文化"在全国都很有分量"的国家首批历史文化名城、东亚文化之都，她多元多样、多维多面、多姿多彩，拥有一百张面容，一千个侧影，一万种风韵，而其中贯通古今、一脉相承、代代相传的，便是长江和大运河一起孕育、历史与现实共同淬炼的担当作为、开拓进取、创新创造、不懈奋斗的扬州精神底色和文化特质。

公元前486年，吴王夫差开邗沟、筑邗城，奠定了扬州最初的基业。此后经年，在长江的悉心护佑之下，运河滋养两岸人民，扬州人民发挥奋勇争先、创新创造的历史主动性，奋力书写了扬州历史上的兴盛于汉、鼎盛于唐、繁盛于清的三度辉煌。2500多年来，扬州假舟楫之便、渔盐之利，汇集民智民力，发展生产、繁荣商贸、荟萃人文，成为古代中国

扬州 是个"好地方"

南北交通枢纽、经济和文化交流中心乃至世界级大都会，赢得了"淮左名都，竹西佳处""天下之盛，扬为首"的赞誉。北宋政治家、史学家、文学家司马光更是以"扬州富庶甲天下，时人称扬一益二"之句将这座传奇名城载入进呈御览的《资治通鉴》。直到近代，扬州之盛仍被众多大家津津乐道，文化名人曹聚仁十分笃定地写道："中国历史上，最悠久、最热闹的大城市，正是扬州。""烟花三月下扬州""青山隐隐水迢迢，秋尽江南草未凋""天下三分明月夜，二分无赖是扬州"……千百年来，扬州始终以其独特的魅力与风采牵引着艳羡的目光，满足着世人的向往。可以说，古代扬州的精彩与传奇，已经被那些摆在世界文化遗产多宝阁中也毫不逊色的物质和非物质文化遗产代表作所证实，被"中国东部地区风貌保存最完整"的 5.09 平方公里的明清古城、遍布全城的各级各类文物和遗址遗迹所标识，被古代扬州人民拼搏奋进、探索创新的精神和优雅雍容、开放包容的气度所镌刻并定义。

党的二十大报告提出，"从现在起，中国共产党的中心任务就是团结带领全国各族人民全面建成社会主义现代化强国、实现第二个百年奋斗目标，以中国式现代化全面推进中华民族伟大复兴"。中国式现代化是强国建设、民族复兴的康庄大道，它开辟了人类迈向现代化的新道路，开创了人类文明新形态。进入新时代，扬州以鲜明的现代化转型之姿融入"中国式现代化"的生动实践，在经济发展、现代化产业体系构建、科技创新和城市品质提升等诸多方面获得了长足的发展，取得了骄人的成绩。2020 年 11 月 13 日，习近平总书记亲临扬州视察，对江苏包括扬州提出了在经济社会高质量发展上"争当表率、争做示范、走在前列"的要求；2023 年 7 月，他再度来到江苏，强调指出，"江苏要在推进中国式现代化中走在前、做示范"，"建设中华民族现代文明，是推进中国式现代化的必然要求，是社会主义精神文明建设的重要内容。江苏要加强优秀传统文化的保护传承和创新发展，积极参与建设长江和大运河两大国家文化公园。要大力发展现代科技、教育事业，全面提升人民群众的科学文化素质"。扬州牢记习近平总书记的殷切嘱托，深入学习贯彻习近平总书记对江苏工作重要讲话和重要指示批示精神，立足新发展阶段，贯彻新发展理念，融入新发展格局，勇担"走在前、做示范"的光荣使命，坚定信心、鼓足干劲、勇挑大梁，苦干实干加油干。牢牢把握高质量发展这个首要任务，聚焦"产业科创名城""生态宜居名城""文化旅游名城"建设，围绕打造文化繁荣、文旅共兴的"好地方"，加快推动文化资源转化、文化标识塑造、文化事业兴盛；围绕打造创新引领、产业兴旺的"好地方"，加快推动产业发展提速、创新活力提升、营商环境提优；围绕打造绿色发展、美丽宜居的"好地方"，加快推动生态环境改善、双碳战略实施、绿色屏障构建；围绕打造协同发展、城乡融合的"好地方"，加快推动跨江融合发展、板块联动发展、城乡统筹发展；围绕打造治理高效、人民幸福的"好地方"，加快推动基层精细善治、社会多元共治、科技赋能智治，加快推动收入水平更高、公共服务更优、兜底保障更牢，奋力把"好地方"扬州建设得好上加好、越来越好。

中国式现代化是赓续古老文明的现代化，是从中华大地上生长出来的现代化，是文明更新的结果，深厚的历史积淀、深沉的文化蕴含、生动的实践品格是其鲜明的标识。鲁迅先生谈文艺，认为越是民族的便越是世界的。同理，现代化何以"中国式"？越是地方的，便越是中国的。因此，讲好中国式现代化的地方故事，是我们捋清中国式现代化发展脉络、丰富中国式现代化内涵、推进和拓展中国式现代化新路的必要之举。讲述中国式现代化的扬州故事，则必然立足"好地方"扬州的发展实际，回答"好地方"好在何处、为什么好、怎样才能"好上加好、越来越好"的扬州之问。这也正是中共扬州市委党校（扬州市行政学院）编撰此书的初衷所在。因此，翻开书页，我们不仅能欣赏到流光溢彩的城市霓虹，而且能够触摸扬州致力于提升自身发展水平同时服务全省乃至全国发展大局的责任与担当，体悟扬州以科技创新引领产业升级、塑造发展新动能、抢抓发展新机遇中展现的敏锐洞察力、果敢行动力与创新创造活力，感受扬州面对各种挑战和困难始终保持着坚定信念和昂扬斗志的不懈努力和持续奋斗。

源浚者流长，根深者叶茂，扬州首先是一座历史文化名城。本书由久负盛名的扬州文化开篇，列数现代化进程中以"三都"为代表的扬州优秀传统文化资源以及建基于其上的当代江河文化新篇、古城保护和有机更新举措、红色革命文化动能动力挖掘等历史珍藏和时代创造。扬州也是一座生态宜居之城，境内水网密布，长江、大运河、淮河、南水北调东线源头"四水交汇"，人均绿地面积位于全省第1位。2006年，扬州荣膺联合国人居环境奖，并先后获得国家园林城市、国家森林城市、国家生态城市、国家系统化全域推进海绵城市建设示范城市、中国最具生态竞争力城市等荣誉。近年来，扬州坚持"绿水青山就是金山银山"理念，将习近平生态文明思想落到实处，书写了高品质的生态文明新篇。尤其值得关注的是，扬州还是一座创新开放之城。目前，全市勇担"因地制宜加快发展新质生产力"的时代课题，大力推进产业科创和科创产业深度融合发展，建设以613产业集群为主导的现代化产业体系，现有高新技术企业超2000家，一批新质生产力产业正聚"链"成势、向"新"图强，全力打造"好地方"发展新引擎。全书撷取城市发展中精彩典型的片段，定格美好感人的瞬间，记录生动鲜活的故事，从历史文化的保护传承利用到现代化城市的规划建设，从传统产业的转型升级到新兴产业、新质生产力的培育发展，从绿水青山的复归永续到金山银山的华丽转身，从乡村振兴与城乡融合发展的创新实践到民生改善的点点滴滴，凸显中国式现代化的扬州特色，展现扬州在中国式现代化进程中方方面面的探索，梳理中国式现代化的扬州经验，诠释中国式现代化的扬州内涵，见证中国式现代化进程中扬州的奋进与拼搏、担当与作为、顽强与坚韧、传承与创新。

岁月不居，山高水长。在这传统与现代交织、历史与未来交汇的光辉时刻，在这积淀与创新共舞、古韵与新声和鸣的宏阔背景之上，讲好中国式现代化的扬州故事，是当代扬州人之幸，也体现着扬州党校人之责任担当。时代的号角已然吹响，中国式现代化的扬州故事精彩待续……

王岚峰

中共扬州市委党校（扬州市行政学院）党委书记、常务副校长

目　录

1　文化繁荣、文旅共兴的"好地方"

"三都"金色名片，续撰城市繁华新传奇 / 2

江河豪迈合唱，"建好用好国家文化公园"扬州段 / 13

文旅深度融合，谱写人城共富新乐章 / 26

弘扬红色文化，激发"好地方"前行动能 / 37

2 创新引领、产业兴旺的"好地方"

产业科创,千年古城塑新韵 / 48

链群双育,产业强市蹚新路 / 57

"三化"改造,传统产业赋新能 / 65

3 绿色发展、美丽宜居的"好地方"

"源头"守护，只为那一江清水徐徐北送 / 76

"淮左名都"，倾力打造"循环城市" / 92

引领"绿色风尚"，夯实"生活无废"环境 / 100

4 协同发展、城乡融合的"好地方"

从"渔花子村"到村美民富的样板村 / 114
从传统"小"农产业迈向融合发展的"大"产业 / 124
唱响新时代的田园牧歌 / 133

5 治理高效、人民幸福的"好地方"

"小巷总理"的"大治慧" / 144

"党建红盟"展现城市基层治理新图景 / 158

打造"智能治理""高效协作"的养老服务体系 / 167

后　记

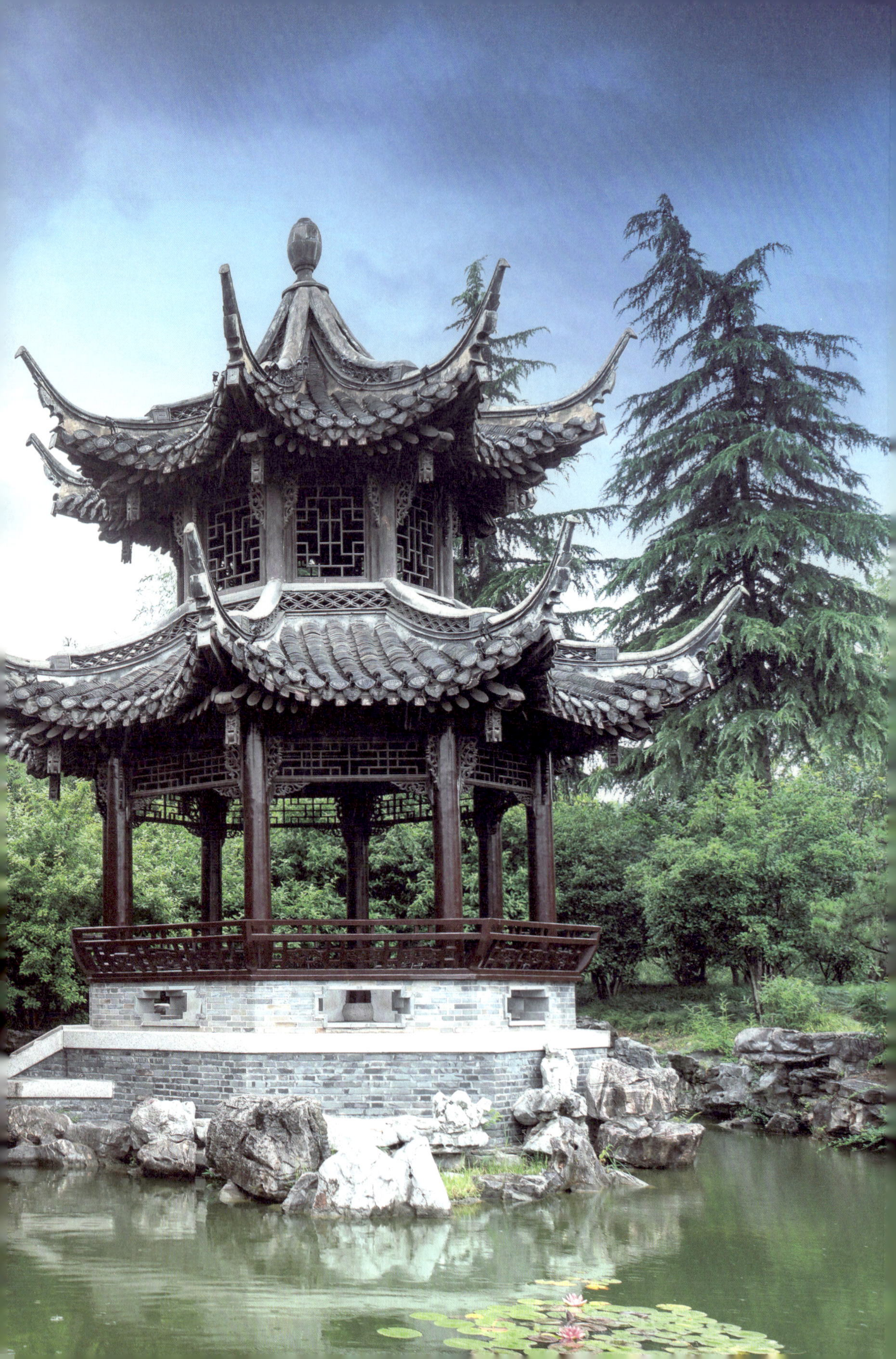

1

文化繁荣、文旅共兴的"好地方"

　　扬州拥有 2500 多年建城史，于汉代、唐代、清代三度辉煌，董仲舒、鉴真大师、张若虚、白居易、杜牧、欧阳修、苏轼、秦观、"扬州八怪"、魏源等众多思想巨擘、文化大家、艺术大师在这里珠玉流韵、璀璨辉映，"烟花三月下扬州""青山隐隐水迢迢，秋尽江南草未凋""天下三分明月夜，二分无赖是扬州"等诗词名句及典型意象转化为人们心目中挥之不去的扬州印象，具象化人们对美好生活的向往。在如此深沉厚重的历史文化浸润之下，这片诗意的大地上，诗文、书画、戏曲、宗教、园林、雕版印刷、美食、漆器、玉雕……五光十色、美妙绝伦的中国传统文化精品星河灿烂、万古流芳。进入新时代，历史文化名城如何华丽转身，绽放时代光彩，交出文化繁荣答卷？扬州的答案是：用好用足历史文化资源，以"三都"金色名片续撰城市繁华新传奇，以力争上游、勇争一流的姿态在现代化新征程中力求破局起势；依托江河交汇地理位势和国家文化公园建设契机，整合江河文化遗存，讲好江河故事、扬州故事、中国故事，展现盛世扬城繁华；保护好古城物理形态、空间肌理，在传承好古城文化精髓的基础上，妥善慎重地推进古城开发利用，积极探索出文旅深度融合、人城同兴共富的新路径，奋力谱写人城共富乐章；高度重视红色资源的挖掘利用，放大红色文化效应，以弘扬革命文化为扬州永续发展赋予不竭动能。

扬州是个"好地方"

"三都"金色名片，续撰城市繁华新传奇

我国在实现第一个百年奋斗目标后，正在面临复杂国内外局势中乘势而上，开启全面建设社会主义现代化国家新征程。面对当今世界变乱交织、百年大变局加速演进，我国发展战略机遇和挑战并存、不确定因素增多，必须牢牢把握高质量发展这个首要任务，以高质量发展推进中国式现代化。

如何以自身发展推动现代化城市建设？扬州正努力交出以"三都"品牌建设现代化"好地方"的时代答卷。作为一座经济繁荣、精致宜居、拥有2500多年建城史的历史文化名城，扬州曾乘水运交通之利、舟楫之便，借助盐业经济、手工业、商贸业的发展，创造了兴盛于汉、鼎盛于唐、繁盛于清的三度辉煌。尽管如今经济体量在全省居中，但扬州仍不甘居于中游，全市上下以力争上游、勇争一流的姿态在现代化新征程中力求破局起势。当前，扬州不断推进新兴科创名城建设，持续放大"东亚文化之都""世界美食之都""世界运河之都"三张世界级城市名片效应，紧抓城市发展新机遇，争创国家级旅游休闲城市，打造文脉彰显、文旅融合的旅游目的地，不断提升"三都"品牌的影响力，努力成为文化江苏、美丽江苏的亮丽样板，以蹄疾步稳的昂扬姿态，迈向全面建设社会主义现代化新征程。

打造"东亚文化之都"

2019年8月30日,第十一次中日韩文化部长会议在韩国仁川召开,会上正式宣布,中国扬州与韩国顺天、日本北九州共同当选为2020年"东亚文化之都",扬州也因此成为亚洲文明对话大会召开后第一个当选的城市,成为江苏省第一个、中国第七个获此殊荣的城市。这块金字招牌的获得,对于加快扬州对外开放、丰富城市文化内涵、满足人民群众美好文化生活需要、提升扬州国际知名度和美誉度具有重要意义。

加强多元载体保护,提升城市文化软实力

近年来,扬州认真贯彻落实习近平总书记关于大运河保护工作重要指示和批示的精神,推动文化遗产"保护好、传承好、利用好"。在大运河文化带保护方面,作为大运河的源头城市、大运河遗产保护管理的牵头城市,扬州积极承担起大运河文化保护传承利用的重大政治任务,成为全国唯一一个全域划入大运河文化保护传承利用规划核心区的地级市。在古城保护利用方面,率先出台古城保护条例,形成了以18.25平方公里的扬州唐城和5.09平方公里的明清古城为保护重点的古城保护体系。在文物保护方面,实施了文化博览城建设工程,宋夹城考古遗址公园、龙虬庄遗址公园先后建成开放,新(改、扩)建文博场所137处,扬州也称博物馆之城。在非遗传承保护方面,出台《扬州市非物质文化遗产保护条例》,实施非物质文化遗产抢救性记录和数字化保护工程,建成486非遗活态展示区,开办了扬剧、曲艺、木偶公益传承班。

传播地方好声音,展示中国文明新形象

扬州拥有悠久的建城史,其南北兼容的文化特质、厚重璀璨的独特文化,

扬州 是个"好地方"

使之成为多元文化交织的国际都市。作为亚洲文明对话大会成功召开后首个当选"东亚文化之都"的中国城市，扬州市委、市政府高度重视，持续深化"一城三都"建设，高水平、高质量实施好这一国家级文化项目，以高度的文化自觉和文化自信推进"东亚文化之都"品牌建设。

优化顶层设计，强化组织保障能力。"东亚文化之都"是超越国家关系的多边文化 IP，需要充分调动各类资源的积极性，统筹推进。在建设模式上，扬州构建了部—省—市共建机制，扎实有效协调解决活动年各类问题，积极推动各类品牌活动落地扬州举办。在组织领导上，按照政府主导、社会参与、内外交融、共建共享的基本原则，成立了以扬州市委、市政府主要领导牵头的工作领导小组，更加务实高效协调活动年各项工作，形成强大工作合力。在活动主体上，按照市场化运行模式，鼓励吸引社会资本参与，成立了扬州运河文投发展有限公司，从体制上破除一个部门单兵作战的局限，更加灵活机动办好各项对外文化交流活动。为统筹协调全市各部门协同合作建设"东亚文化之都"提供保障，同时为传播扬州城市声音、展现中国城市新形象提供组织保障。

聚焦文化惠民，丰富精神文化生活。扬州通过加大群众性文化活动举办力度，推动公共文化服务由"普惠均衡"向"优质精准"提升，广泛开展集群式文化活动。加大高质量文艺供给。深挖扬州地域文化资源和优势，创作推出扬剧、扬州弹词等重点特色作品近 50 部，舞剧《朱自清》荣获第十二届中国舞蹈"荷花奖"。积极推动扬州曲艺、扬州木偶等传统技艺"走出去"，全面展示扬州文化艺术的独特魅力。扬州极大程度整合了市域文化资源，提高了市民的参与度，提升了城市整体形象，展示了新时代中国居民精神文化丰富的幸福生活。

注重以文化兴产业，放大"文都"品牌新效应

"东亚文化之都"既是对外文化交流的国际化品牌，也是城市文化建设的"国字号"品牌。在"东亚文化之都"建设过程中，扬州高度重视提升"东亚文

化之都"的产业属性、经济属性，通过项目化、市场化、多元化方式，切实把"东亚文化之都"资源优势转化为实实在在的项目，催生出扬州城市高质量发展的动力。

聚力产业发展，推动重点文化项目建设。推动建成扬州运河大剧院、2021扬州世界园艺博览园、隋炀帝墓考古遗址公园等重大项目，启动以中国大运河博物馆为主的"一馆多园"建设，打造城市文化新地标，提升城市新形象。积极推进以文化创意、新闻出版、工艺美术等为核心的八大文化行业发展，培育打造了486非物质文化遗产集聚区、扬州琴筝文化产业园、扬州非遗珍宝馆等一批文化产业载体，形成了"瘦西湖有礼"等一批文创产业，切实提升了扬州文化产业市场化水平。

重视文化传承，加强文化遗产保护利用。围绕"东亚文化之都"发展规划，更加注重延续城市文脉，加快推动优秀传统文化创造性转化、创新性发展。精心呵护放大扬州明清古城价值，按照"全面保护、审慎更新、群众参与、开放保护"的目标定位，以仁丰里、南河下、教场等历史街区为重点，整体推动明清古城创建AAAAA级景区和国家全域旅游示范区，让古城汇聚人气、激活商气、充盈生气，进一步彰显扬州古今辉映的城市特质。

构建"世界美食之都"

2023年扬州地区生产总值达7423.26亿元、位居中国城市第37位，每年接待国内外游客近8000万人次。在扬州众多标识性的词汇中，最具旅游体验感的是"美食"，扬州炒饭、扬州包子等以城市名命名的佳肴名扬世界。据统计，一半以上的中国驻外使领馆都有来自扬州的厨师。千百年来扬州的美食让无数旅人心驰神往，著名诗人余光中曾称赞"扬州菜香，举国口馋"。

扬州的历史背景和运河交通对其饮食文化的丰富性具有重要影响。作为一

扬州 是个"好地方"

扬州瘦西湖湖西湖花园波庭走廊

座位于长江三角洲地区的城市，扬州的运河交通发达，使各地的美食都可以通过水路交通运输到扬州，极大丰富了当地的饮食风味。扬州过去是一座繁华的商业城市，吸引了大量的盐商来此居住和经商，这些盐商不仅为扬州的经济发展作出了贡献，同时带来了各地的饮食文化和菜肴，又进一步丰富了扬州美食文化。

2019年10月30日，扬州被正式批准加入联合国教科文组织"全球创意城市网络"，成为继成都、顺德、澳门之后，中国第4个"世界美食之都"。世界级的旅游吸引物是识别国际旅游城市特征的核心标识。建设国际旅游文化名城的核心在于拥有与众不同、能够跨越文化与文明限制的旅游吸引物。梳理扬州城市文化发展脉络不难发现，扬州不仅是中国历史文化名城，也是中国四大菜系之一淮扬菜的发源地。淮扬菜以其独特的风味和精湛的技艺获得海内外食客的青睐。目前，扬州饮食类非物质文化遗产项目包括淮扬菜制作技艺、扬州炒饭制作技艺、富春茶点制作技艺、酱菜制作技艺、扬州面塑制作技艺、扬州茶制作技艺等众多传统技艺。借助扬州"世界美食之都"品牌国际效应，淮扬菜被打造成为扬州国际性城市文化吸引物。

以地标美食建设打响"世界美食之都"知名度

加强扬州美食标志性资源建设,通过示范和引领实现以点带面的品牌定位传播。首先,扬州深度挖掘具有代表性、受欢迎的特色美食品种,打造成扬州美食文化的标志性招牌。淮扬菜历史悠久、技艺精湛,经典菜品众多,例如生活气息浓厚的扬州炒饭、大煮干丝、文思豆腐、狮子头、黄桥烧饼、翡翠烧麦、千层油糕、三丁包、蟹黄汤包、盐水鹅、阳春面等;文化品质高端的"红楼宴""烟花三月宴""八怪宴""三头宴"等淮扬菜特色名宴。扬州"世界美食之都"品牌的深度探索,以精心打造能够享誉全球的标志性品牌美食为先。

其次,着力打造具有国内外知名度的淮扬菜餐饮企业品牌。扬州目前共有餐饮服务单位2万多家,尽管规模和发展情况参差不齐,但是餐饮品牌建设仍走在前列。一方面,老字号品牌店(如富春、冶春、共和春茶社等)发挥内驱动力,以传承和研发为核心,龙头引领扬州餐饮企业品牌的发展。传承是创造精彩美食的基础,在考虑企业"活"之前,首先需考虑美食"活",即注重对淮扬文化的理解和传承,将地域文化注入美食之中,以美食为桥梁,促进各地文化间的交流与融合,同时通过对老字号餐饮企业品牌的精心维护和及时更新,推动品牌研发出更加精彩的地标美食,完成自身企业发展的更迭与重生。另一方面,以示范窗口引领扬州美食餐饮企业的发展与创新。为推动整合全市美食资源,提高美食街区品位和档次,引导全市餐饮企业提高服务质量,擦亮"世界美食之都"展示窗口,助推"世界美食之都"建设,扬州开展了"世界美食之都"示范店、示范街区评定工作,并最终评选认定富春茶社、冶春茶社(御马头店)、趣园茶社(长春路店)、香格里拉酒店、江南一品(东关街店)、淮食·禧狮楼等美食之都示范店36家,东关街、皮市街、邵伯龙虾美食一条街等美食之都示范街区3条。通过精选出一批实力和特色兼具的餐饮名店加以重点培育宣传,从而更好地展示扬州美食的最高水平,更好满足来自海内外各地游客对扬州美食的向往。

以平台载体建设提升"世界美食之都"体验感

打造节庆品牌。举办"世界美食之都"揭牌仪式、中国（扬州）国际创意美食博览会、中国扬州淮扬菜美食节、中国早茶文化节等系列活动，承办商务部首届中华美食荟启动仪式、2021黑珍珠颁奖盛典、第三届中国餐饮工匠节等高影响力活动。推动各地每年开展荷藕节、双黄蛋节、茶文化节、邵伯龙虾节、渔民文化美食节等地方节庆活动20余场，进一步打响扬州特色消费节庆品牌。

打造地标性展示载体。启动美食之都示范街区和示范店认定工作，推动街区招引和培育品牌餐饮企业，优化街区餐饮业态布局，打造集展示、体验、消费、培训等于一体的高品位美食体验街区。评选认定"世界美食之都"示范店36家，树立行业高质量发展标杆；建设"世界美食之都"展示馆，让市民和外地游客一次逛遍全球"世界美食之都"；改造提升中国淮扬菜博物馆，实现淮扬菜展览展示、文化研究、观光体验综合性功能。开展扬州"世界美食之都"Logo征集，设计发布扬州美食IP形象——绣虎、扬州美食地图、早茶地图、扬州美食数字藏品，开通扬州"世界美食之都"微信公众号、抖音号、小红书号，让"世界美食之都"品牌在更广范围内得到传播。

夯实"世界运河之都"

扬州作为中国大运河的原点城市、大运河联合申遗牵头城市、南水北调东线工程源头城市，域内10个遗产点和151公里河道被列入世界遗产，是大运河全线列入世界遗产点最多、遗产类型最为丰富、延续时间最为久远的城市，也是全国唯一全域划入大运河文化保护传承利用规划核心区的地级市。大运河在扬州与长江交汇，吸引、集聚了八方资源，造就了扬州盛唐时的繁华、明清时的鼎盛，同时也形成了今日扬州开放、包容的文化特质。

千年文明，水韵扬州

据《左传·哀公九年》记载："秋，吴城邗，沟通江、淮。"公元前486年，吴王夫差筑邗城、开邗沟，沟通了长江和淮河两大水系，从此被今人称为"大运河"的一脉活水在中国大地上蔓延流淌，成为世界上现存最早、航程最长、规模最大的人工运河。这也是中国历史文献中记载的第一条有确切开凿年份的运河。考古专家认为，当年的邗城就修筑在现今扬州蜀岗之上，是吴国为北上而建的一座军事堡垒，为了兵力和物资运输而开挖的邗沟必定就在邗城周边。这一观点被写进大运河申遗文本，并被提交到联合国教科文组织。

三湾公园剪影桥（鞠恬 摄）

扬州 是个"好地方"

在大运河扬州段遗产区，自北至南，由白马湖、宝应湖、高邮湖、邵伯湖等一系列天然湖泊连缀在一起。早期大运河，正是充分利用了自然湖泊水域，通过人工挖掘，将这些天然湖泊连缀成一条畅通的水路。之后，作为国家漕粮运输的重要水上通道，大运河扬州段不断完善河道的渠化。作为食盐的流通要道，隋唐与明清时期大运河扬州段也在国家专卖商品盐的流通中发挥了重要作用。

运河发展至今，经过几度历史变迁，现今淮扬运河扬州段北起宝应二里排河与大运河连接处，南至长江边的瓜洲镇，全长151公里，地处江淮平原，东以里下河水网地区为界，西与白马湖、宝应湖、高邮湖、邵伯湖等4个湖泊毗邻；北接淮安楚州，南至扬州邗江区瓜洲镇入江口，连接了白马湖、宝应湖、高邮湖、邵伯湖和宝射河、大潼河、北澄子河、通扬运河、新通扬运河、仪扬运河等主要河流。

大运河扬州段对沿线城镇的兴起繁荣起了很大的带动作用，并创造出独特的运河文化与生活。例如，宝应县因河而盛、界首镇因驿成镇、邵伯镇因埭成镇、瓜洲镇因渡口成镇，扬州城更是一直在经济与文化方面成为中国历史城市的典范。大运河对沿线的城镇聚落的文化与生活方式的影响至今仍清晰可见。

共建共享，源远流长

近年来，作为中国大运河的原点城市、大运河联合申遗牵头城市、南水北调东线源头城市、长江经济带和大运河文化带的交汇点城市，扬州在持续推进大运河保护、传承、利用方面，做了大量卓有成效的工作。

扬州紧密结合扬州大运河文化带保护传承利用的空间布局，围绕"一条主轴、一个核心功能板块、六大文化片区、多个特色节点"，初步梳排了10大类100个、总投资约1130亿元的大运河扬州段文化保护传承利用重点项目，包括中国大运河博物馆、三湾生态文化公园、瓜洲古镇核心区建设、国家玉文化创意园、邵伯运河风情小镇、仪征南门大码头古街、宝应县大运河文化传承展示中心、高邮湖生态保护与修复工程等。

扬州连续多年实施"绿杨城郭新扬州""清水活水"工程，恢复湿地 4000 亩以上。沿京杭大运河和南水北调东线输水廊道、淮河入江水道两岸 1 公里范围内，重点实施区域生态红线保护、植树造林、河湖湿地生态修复和流域水污染防治。有效发挥黄金水道综合效益，对重要运河口段实施航道养护工程，开展航道疏浚和生态岸线修复，建设船舶停靠服务区，新增船舶待闸泊位等设施，大运河扬州段已经成为全国航运密度最大的内河航道。同时，扬州还对京杭运河沿线重要节点实施绿化景观提升，将主城区运河沿线打造成集休闲、健身、商业、游乐等功能于一体的多元化生态滨水空间，进一步彰显运河生态旅游价值。

以文化繁荣促"三都"品牌建设，推进城市高质量发展，扬州正努力交出自己的独有答卷。传播"东亚文化之都"声音，整合资源推动文化强市。策划并持续举办好"东亚文化之都"对外交往与传播的系列文化展示与交流活动，

三湾公园凌波桥（鞠恬 摄）

扬州 是个"好地方"

不断扩大政府间人文交往，提升民间文化交流频率。

打响"世界美食之都"招牌，释放旅游美食消费潜力。推动美食地标打造，完善新老品牌建设，提升淮扬菜影响力和创造力。推动地方美食节等多平台发展，以特色美食助力乡村旅游发展。

筑牢"世界运河之都"根基，勇担重任实践人城共兴。围绕大运河国家文化公园规划，加快推进运河地标性工程建设；优化大运河扬州段沿线文旅项目布局，推动建设大运河合理线路规划设计；挖掘古邗沟文化资源，建设文化创意产业集聚区，统筹规划区域用地布局，优化提升周边环境。以高品质生态环境支撑高质量发展，继续改善大运河沿线区域生态环境质量，为实现生态环境保护和文化传承相互融合，推进区域协调发展、绿色发展和高质量发展提供借鉴示范。

1 / 文化繁荣、文旅共兴的"好地方"

江河豪迈合唱，
"建好用好国家文化公园"扬州段

国家文化公园是中国式现代化的国家文化创举。2016年3月，《国民经济和社会发展第十三个五年规划纲要》首次将国家文化公园列为国家重大文化工程。2017年1月，中共中央办公厅、国务院办公厅印发《关于实施中华优秀传统文化传承发展工程的意见》，倡导各地区、各部门保护传承文化遗产，明确提出"规划建设一批国家文化公园"。5月，《国家"十三五"时期文化发展改革规划纲要》明确提出，依托长城、大运河、黄帝陵、孔府、卢沟桥等重大历史文化遗产，规划建设一批国家文化公园，形成中华文化重要标识。2019年12月，《长城、大运河、长征国家文化公园建设方案》出台，指导国家文化公园建设，推动此项工作进入快车道，国家文化公园"增强人民精神力量""提升中华文化影响力""彰显中华优秀传统文化的持久影响力"的战略目标也越发清晰。随后，党的十九届五中全会通过《中共中央关于制定国民经济和社会发展第十四个五年规划和二〇三五年远景目标的建议》，明确建设长城、大运河、长征、黄河四大国家文化公园。2022年，长江、黄河国家文化公园建设启动。自此，长城、大运河、长征、黄河、长江五大国家文化公园建设在中国大地上全面铺展。

党的二十大报告指出："加大文物和文化遗产保护力度，加强城乡建设中历史文化保护传承，建好用好国家文化公园。"国家文化公园不仅是保护文物和文

扬州 是个"好地方"

化遗产的载体、历史文化保护传承的抓手，同时也是推动文旅融合、满足人民对美好生活向往的场所。扬州是江河交汇、古今辉映的月亮城，长江、大运河两大国家文化公园在这里交叠。2022年12月，《中共扬州市委关于深入学习贯彻党的二十大精神在新征程上全面推进中国式现代化扬州新实践的决定》明确指出，推动扬州文旅融合，持续擦亮"三都"城市文化名片，高品质推进大运河、长江国家文化公园建设。立足江河交汇的地理背景和"拥江而立、跨江融合、向海图强"的发展定位，扬州努力探索"建好用好国家文化公园"扬州段的有效路径，聚焦彰显运河文化标识、放大名城特色深度发力，更加彰显历史文化魅力，实现了从"水城共生"到"文城共融"的华丽转身，有力推动了地方创新实践和高质量发展，为中国式现代化建设提供了扬州方案和智慧。

精心布局建设长江、大运河国家文化公园扬州段

从地理维度看，扬州地处江苏省"几何中心"，大运河纵贯南北，长江承托全域，四水交汇，海上丝绸之路与陆上丝绸之路维系于此。全城拥有151公里运河里程和80.5公里长江岸线，兼具运河原点城市和长江沿线重要节点城市"双重身份"。从历史维度看，公元前486年，吴王夫差在此地挖下中国大运河"第一锹"，使扬州成为不折不扣的大运河原点城市，此后的2500多年，扬州依河濒江发展工商、盐业、贸易，成为古代东亚文化圈中少有的商贸都市。作为"大运河的长子"和大运河原点城市，扬州于2004年率先投入大运河申遗，2008年携手运河沿线8省（直辖市）35座城市组成大运河申遗联盟，2014年牵头大运河申遗成功。从交通区位和空间维度看，经过数年发展，钟天地之灵秀、得人文之化成的扬州获得机场、高铁、国道、省道等全方位现代交通体系加持，"依水而建、缘水而兴"的发展历史叠加"因水而美"的现实和"向海图强"的未来构想，种种"天选优势"使扬州成为部署建设长江、大运河国家文化公园

1 / 文化繁荣、文旅共兴的"好地方"

代表性段落的绝佳处所。

2020年11月13日，习近平总书记来扬州考察调研时指出，千百年来，运河滋养两岸城市和人民，是运河两岸人民的致富河、幸福河，希望大家共同保护好大运河，使运河永远造福人民。彼时，习近平总书记在扬州重点考察了大运河国家文化公园扬州段的三湾、江都水利枢纽两个核心展示园。同年12月，对接国家、省级相关规划的《扬州市大运河文化保护传承利用实施规划》出台。2021年，扬州市《政府工作报告》明确了"全力争当大运河文化带建设标杆样板"的年度奋斗目标，要求紧扣习近平总书记嘱托，实施好大运河文化保护传承利用规划。3年多来，扬州深入贯彻落实习近平总书记重要讲话和重要指示批示精神，牢记"让古运河重生"的殷切嘱托，坚持"保护好、传承好、利用好"原则，努力实践，聚力创新，全力争当大运河文化带建设标杆样板：实施好大运河文化保护传承利用规划，加快打造璀璨文化带、绿色生态带、缤纷旅游带；建成开放扬州中国大运河博物馆、运河大剧院，加强邵伯、湾头、瓜洲等运河名镇保护利用，高标准打造大运河国家文化公园三湾核心展示园和宝应、高邮、邵伯、江都水利枢纽、古城、湾头、扬子津、瓜洲等八大运河文化展示

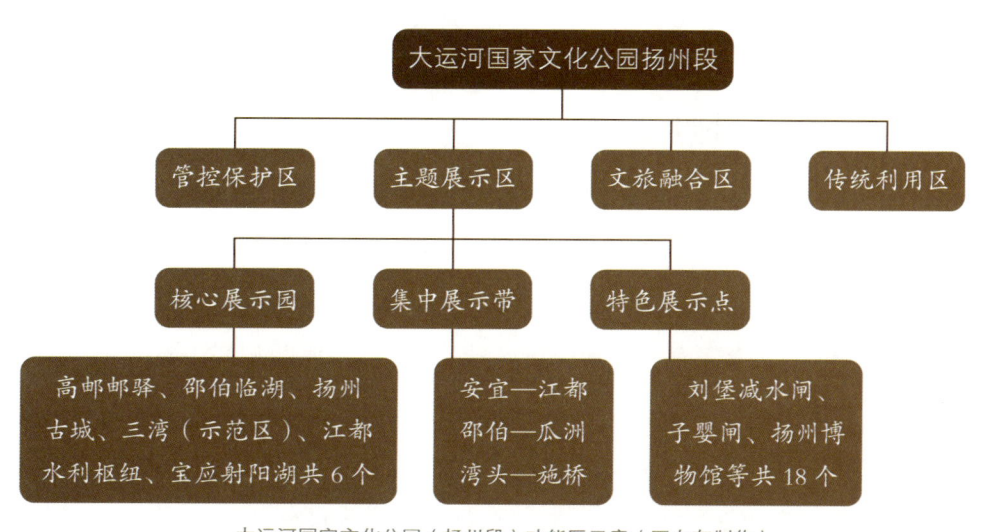

大运河国家文化公园（扬州段）功能区示意（王向东制作）

扬州是个"好地方"

片区；形成包括 6 个核心展示园、3 条集中展示带、18 个特色展示点在内的大运河国家文化公园扬州段主题展示区；构建古运河、新运河、江淮生态大走廊、南水北调东线源头工程四线并行格局，协调统一的大运河整体功能区域和以古运河为主干的城市文化旅游体系也成佳构。

2022 年初，国家启动长江国家文化公园建设，扬州响应国家、省规划部署，围绕长江国家文化公园扬州先行示范段建设，制定出台《长江国家文化公园扬州段建设推进方案》，推动编制《长江国家文化公园扬州段建设保护规划》，明确长江国家文化公园扬州段建设的目标定位、总体内容，统筹谋划生态治理、文化传承、文旅融合等工作任务，加快推进重点项目梳排和建设，特别是明确了围绕十二圩、瓜洲、湾头、大桥等一批沿江名镇名村抓紧谋划推进长江国家文化公园重点项目建设的规划思路，为全市长江文化和长江国家文化公园建设提供了基本参照。京口瓜洲千年古都保护项目、仪征十二圩盐运历史文化街区两个项目申报长江国家文化公园重点项目并通过国家发展改革委预评审。

大运河国家文化公园三湾核心展示园

如果把大运河扬州段比作一本内容丰富的大书，三湾风景区就是其中最优美绮丽的章节。大运河国家文化公园三湾核心展示园就坐落于此。三湾因河道蜿蜒曲折、迤逦萦回而得名。但实际上，明朝以前，这里的运河并无弯折，反而坦直湍急，水势直泻难蓄，漕船、盐船常常因此搁浅，甚或翻覆。明朝万历年间，扬州知府郭光复带领水工舍直改弯，把原有的 100 多米长的运河折弯延伸为 1700 米，以此减缓流速、抬高水位，解决了交通运输的一大难题。时人有"三湾抵一坝"之誉，有专家认为其水利工程价值堪比四川都江堰。三湾片区曾是扬州南部工业区，农药、热电、皮革、染化等企业云集，水质和空气质量恶化，生态环境遭受严重破坏。进入新时代以来，扬州对三湾片区进行生态修复、环境整治，在保留湿地、滩涂、河流等生态资源的基础上，实施水系疏浚、驳岸改造、湿地修复，生态环境得到极大改善。既有古代运河水工遗存，又有运河风景之美，大运河国家文化公园三湾核心展示园就以运河三湾及周边湿地风光为依托，因地制宜配置人文景观及休闲设施，突出大运河文化主题，形成三湾大型生态文化景区。整个核心展示园占地约1520亩，其中运河水域面积约570亩，包括扬州中国大运河博物馆、大运河非遗文化园、运河文化创意园等重要板块。

匠心锻造运河文化扬州标识系统

扬州致力于保护运河沿线水体、岸线、生态，推进大运河国家文化公园的建设和运营维护，集中展示运河遗产遗存和文化精品；以运河为线将市域内运河文化八大片区连缀成篇，同时结合沿线景观提升、航运示范区建设、城镇建设、乡村发展等重大工程，把大运河扬州段打造成观赏性与功能性俱佳的新时代青绿山水画，为传承与弘扬大运河文化打下了良好的生态和设施基础。2021年10月，扬州市第八次党代会提出"构建贯穿南北、融汇古今的运河文化主轴"的要求；12月，市委八届二次全会部署"聚焦塑造运河文化标识"的目标任务，凸显一体规划和打造市域运河文化标识系统的意图。

"天下玉，扬州工。"这幅正在扬州大地上徐徐展开的兼具历史文化纵深、火热现实关切和未来开阔前景的运河文化蓝图上，扬州人以琢玉雕花的工匠精神用心锻造扬州江河文化重点标识，并串珠成线、以线带面，编织运河文化标识的璀璨星空。作为大运河文化带和大运河国家文化公园扬州示范区的代表之作，扬州中国大运河博物馆雍容揖客，成为大运河扬州文化标识系统的明珠；仁丰里、东关街等明清古城街巷从筹资、运营、管理到保护、传承等多方面进行积极尝试和探索，取得了不俗的业绩；沿运河岸线的污染企业或搬迁或关闭，多处工业遗址华丽转身为运河文化记忆空间；水、岸、文化与市民公园功能融

扬州是个"好地方"

为一体,潜移默化地形塑着人们的日常生活和行为习惯。文旅融合与传统利用等功能区得到加快开发和建设。在国家文化公园四大功能区域中,管控保护区是物质基础,主题展示区为当前建设重点,文旅融合区和传统利用区的建设正如火如荼地进行。三湾核心展示园在四区融合中走在前列,明清古城的经营管理方式、文化创意产品和频繁举办的文化市集活动彰显个性,北护城河沿线开发正在快马加鞭打造大运河江苏流域文化新地标,打造特色文化街区、主题酒店集群、淮扬菜特色美食等全产业链文旅产品。

扬州中国大运河博物馆

2018年10月12日,"世界运河城市博物馆馆长论坛"宣布,中国大运河博物馆选址江苏扬州三湾;2020年1月10日,国务院办公厅批复同意博物馆正式命名为"扬州中国大运河博物馆";2021年6月16日,博物馆建成开放。截至2021年末,馆藏运河主题古籍文献、书画、碑刻、陶瓷器、金属器皿等各类文物展品1万多件(套)。入选江苏"运河百景"标志性运河文旅产品公示名单、江苏省省级水情教育基地名单、江苏省爱国主义教育基地、第五批国家水情教育基地。扬州中国大运河博物馆占地总面积200亩,整体基调为唐代建筑风格,由中国工程院院士、中国建筑西北设计研究院总建筑师张锦秋领衔设计。博物馆主体由博物馆和大运塔两部分组成:整体馆型采用巨型船只造型,同时融入风帆元素,寓意运河边一艘扬帆起航的巨船;唐塔风格的大运塔高百米,距离唐代高僧鉴真大师东渡日本的起点文峰塔以及作为清朝皇帝行宫的高旻寺的天中塔分别约1.2公里与4公里,三塔在运河边形成"三塔映三湾"的景观。博物馆展览以"运河带来的美好生活"为总体定位,设有"大运河——中国的世界文化遗产""因运而生——大运河街肆印象"2个陈列主题,以及"运河上的舟楫""运河湿地寻趣"等9个专题展览。

1 / 文化繁荣、文旅共兴的"好地方"

扬州中国大运河博物馆俯瞰（鞠恬 摄）

"运河十二景"

"运河十二景"，景景都是扬州运河显著文化标识，作为大运河国家文化公园扬州段的标志性景观，它们彼此贯通、相映成趣，"以运河之名"为扬州大运河公共文化空间的打造提供了坚实的基础。"运河十二景"评选是扬州珍视历史宝藏、推进文化遗产保护和利用的创新举措。2022年6月27日，扬州大运河文化带和大运河长江国家文化公园建设工作领导小组办公室牵头，启动扬州"运河十二景"评选和建设工作，吸引了36万多人次踊跃投票、5万多名热心网友献计献策。8月，综合票选结果和专家学者、社会各界意见建议，扬州正式对外发布"运河十二景"评选结果，最终确定了扬州"运河十二景"的入选名单：瘦西湖、运河三湾、七河八岛、明清古城、茱萸湾、双宁古韵、邵伯驿、北湖

扬州 是个"好地方"

湿地、平山堂、邵伯古镇、瓜洲古渡和高旻禅寺。其中，既有生态景观，也有人文高地；既有历史经典，也有时代新秀；既蕴含着古人的浪漫与智慧，也彰显着今人的创造与作为，是大运河"最古老、最核心、最精华、最有活力"一段的集中体现。扬州将坚持以建设"致富河、幸福河"为总遵循，聚焦文化旅游名城建设，以打造世界级运河文化遗产旅游廊道为重点，扎实推进扬州"运河十二景"建设工作。下一步，扬州将因地制宜规划实施一批景观提升、文化展示和文旅融合项目，串珠成线、以线带面打造璀璨文化带、绿色生态带和缤纷旅游带，推动"运河十二景"成为扬州文旅融合新名片，持续打造富有吸引力、影响力和知名度的文化旅游名城，在勇挑大梁中作出文化贡献、展现扬州担当，同时为全民提供共享运河景观和公共文化空间，为串珠成线打造世界级运河文化遗产旅游廊道，助推扬州大运河文化带和国家文化公园建设在新起点上继续走在前列、争做示范。

倾情讲述中国扬州故事

党的二十大报告指出，要坚守中华文化立场，提炼展示中华文明的精神标识和文化精髓，加快构建中国话语和中国叙事体系，讲好中国故事，传播好中国声音。扬州积极推动建设国家文化公园提炼展示中华文明的精神标识和文化精髓，以国家文化公园功能区与江河主题重要场馆构筑扬州江河故事的叙事空间；承办中国早茶文化节、中韩（扬州）文化交流年、金砖国家人文交流论坛等中外文化活动，搭建讲好中国故事、江河故事、扬州故事的讲述平台；依托大江大河创新开设"运河思政课"、发展"壮游大运河"研学平台作为铸魂育人、完善思想政治工作体系、推进大中小学思想政治教育一体化建设的载体。尤其是从2007年开始举办的世界运河城市论坛已经成为驰名中外的运河主题论坛（见表1）。除了2021年因新冠疫情延期举办一次，扬州已连续举办16届，每年围绕一个主题，与来自世界 60 多个国家运河城市代表、驻华使节代表、专家学者开展线上线下活动，进行深入探讨。2022 年，世界运河城市论坛升格为国家级机制性论坛，通过了《世界运河城市遗产保护与可持续发展扬州倡议》，扬州被联合国开发计划署授予中国首家"运河城市实施联合国 2030 年可持续发展议程样板城市"称号。

表 1　历届世界运河城市论坛主题一览

序号	时间（年）	论坛主题
1	2007	运河与城市发展、运河城市的可持续发展
2	2008	运河城市历史文化遗产保护和传承
3	2009	金融危机背景下运河城市旅游业发展
4	2010	运河城市发展低碳经济的重大意义及其途径
5	2011	设计，提升运河城市
6	2012	大运河·活态遗产
7	2013	水生态、水文明与名城
8	2014	大运河成为世界文化遗产后的保护与利用
9	2015	"一带一路"框架下互联互通的运河旅游业
10	2016	运河文化旅游与可持续发展
11	2017	运河城市在"一带一路"合作中的新机遇
12	2018	世界运河城市文化保护、传承与利用
13	2019	运河文化的保护传承与利用
14	2020	世界运河城市文旅产业持续繁荣发展
15	2022	运河城市遗产保护与可持续发展
16	2023	运河城市遗产保护与绿色低碳发展

注：王向东整理。

扬州 是个"好地方"

与此同时,扬州紧紧抓住文物文化资源保护这条主线,向全世界讲述中华民族源远流长的发展故事、艰苦卓绝的奋斗故事、新时代昂扬奋进的创新故事。建成开放扬州中国大运河博物馆、大运河非遗文化园、隋炀帝陵遗址公园、扬州非遗珍宝馆等文物文化场所;评选并持续深度打造扬州"运河十二景",加快推进瓜洲、茱萸湾等江河交汇景观的改造提升,推动实施仪征庙山、郭山遗址等文保项目,推动江都水利枢纽国家水情、三江营"两山"实践创新基地等文化展示载体建设,运用陈列在中华大地上的历史文化遗存倾情讲述扬州江河故事、弘扬江河文化与时代价值。

园宅:代代相传的扬州故事

扬州是国家级生态示范区试点城市(1999)、国家园林城市(2003),2007年被列为全国首批11个"国家生态园林城市试点城市"之一。2022年,扬州全面启动创建国家生态园林城市,将城市发展理念、生态环境保护理念、城市管理建设理念和人民群众参与度、幸福感、认可度等多维视角融为一体,协调推动城市的高质量发展。在优秀的自然地理、历史人文、现实成就融合共生的基础上,2023年末,扬州迎来又一喜讯:由扬州市住房和城乡建设局、扬州市名城建设有限公司等单位组织申报的扬州东关街园宅保护与传承复兴项目荣获2023年度"联合国教科文组织亚太地区文化遗产保护杰出奖",也是当年中国唯一获得杰出奖的项目,奖项含金量极高。

园宅在扬州文化中扮演着重要的角色,具有特殊的地位,扬州作为园林城市可谓其来有自。扬州依托江河优势,在中国古代历史上三度辉煌,漕运、盐运兴盛,工商业发达,在明清时期更是达致鼎盛,引得几代皇帝巡行驻跸,众多富商大贾云聚会集,文人雅士流连忘返,历史的风云际会催生了崇尚优雅生活和文化品位的城市风尚,也造就了扬州人建园、爱园、赏园的生活方式。当时,由经济实力雄厚的盐商群体引领潮流,有条件的居民普遍在住宅中营造园林，形成园中有宅、宅中有园、园宅相契、宅园共生的居住风俗，展现"园林多是宅"的独特城市风情。园宅兼具实用与景观创造功能，它将主人日常起居、宴客会友、商务洽谈与"扬式"园林景观紧密结合，创造了具有显著市民性的诗意生活空间。例如，历史上名列"中国四大名园"的个园、号称"晚清第一名园"的何园以及近年修复的汪氏小苑等。如今，这些历经沧桑的园宅不但作为文旅资源拓展着游客和居民的体验，严丝合缝地嵌入了当代人的生活，而且，在街巷深处不起眼的角落，属于普通居民的扬州园宅故事仍在继续上演，且佳作迭出，书写着扬州园宅文化的当代新篇。位于热闹繁华的东关街的祥庐、幽居网红街道皮市街深处的梅庐等都是当代园宅的代表之作。当代园宅佳作往往于方寸之地、容膝之所，精心构思、精工细作，营造出流水潺潺、竹木扶疏、重峦叠嶂、花月相映的意境雅趣，既是对扬州特色精致典雅生活方式的致敬与传承，也在用独具的诗意和匠心表达着对新时代美好生活的热爱和创造。

扬州当代园宅之梅庐（一）（梅庐主人朱红梅 摄）

扬州 是个"好地方"

文艺：群众喜闻乐见的扬州故事

扬州深入挖掘与整合江河文化资源，创新利用传统载体，广泛开展"民间文艺交大运"等各种人民群众喜闻乐见的文化惠民活动，以广播剧、木偶剧、流行歌曲等大众流行方式，生动讲述江河滋养的扬州故事和扬州生长的江河故事。组织创排广播剧《一江清水向北送》、木偶剧《东方白鹳》等运河主题精品力作。其中，由陈涛作词、王备作曲，青年歌唱家汤非演唱的歌曲《面朝东方》荣获国家"五个一工程"奖。这是庆祝中国共产党成立100周年的献礼曲，青年歌唱家汤非用他极富辨识度的磁性嗓音缅怀革命先烈、致敬人民英雄、照亮前行路途，唱响了对英雄的景仰、对党的忠诚和对祖国的热爱："我将面朝东方，心中想你安稳如常，飞花一季赢得百年留香，我将面朝东方，无数锋芒无限风光，你的希望就是我的信仰……"乘着歌声的翅膀，百年以来中国共产党领导人民经历沧桑巨变、风雨兼程，无数先烈于长路漫漫和艰苦卓绝中奋起抗争，从站起来到富起来再到强起来的光辉历程生动展现于受众脑海。同样由陈涛作词、王备作曲、汤非演唱的《心念》《新月照古城》等众多歌曲在全球华人圈产生

扬州当代园宅之梅庐（二）（梅庐主人朱红梅 摄）

深远影响。

  国家文化公园建设凝聚了中国式现代化的丰富内涵和特征,"建好用好国家文化公园"是以习近平同志为核心的党中央作出的重大决策部署、推动新时代中国特色社会主义文化繁荣发展的重大文化工程,也是建设中华民族现代文明、推进中国式现代化的必然要求。江河交汇的地理区位优势及由此滋生的"扬州自古繁华"决定了扬州必须在长江、大运河国家文化公园建设中走在前列,在用好国家文化公园实践中积极探索。数年来,扬州承担起"大运河长子"的责任,不负运河原点城市的声望,尤其在大运河国家文化公园建设中走在全省乃至全国前列:精心布局的大运河国家文化公园扬州段四大功能区建设高质量推进,尤其是核心展示园、集中展示带、特色展示点等主题展示区堪称示范;一体打造的大运河展示片区和贯通全域、匠心锻造的扬州中国大运河博物馆等重点文化标识也闪耀登场、雍容揖客,成为运河文化传播的重要窗口。如今,五大国家文化公园建设全面启动,扬州大运河国家文化公园建设珠玉在前,长江国家文化公园扬州段敬请期待。

扬州 是个"好地方"

文旅深度融合，谱写人城共富新乐章

扬州自古就可以称得上是"网红城市"。李白"烟花三月下扬州"的名句，至今脍炙人口；"万商落日船交尾""春风十里扬州路"更是道尽昔日扬州的繁荣盛景。今天的扬州，作为首批国家历史文化名城和具有传统特色的风景旅游城市，持续推进文旅深度融合，谱写出人城共富新乐章。

2020年11月，习近平总书记在扬州视察时，称赞"扬州是个好地方"，特别是文明、文化、历史古城，在全国都很有分量。扬州的闪亮文化名片，不止瘦西湖、东关街、个园、古运河、大运河博物馆等景点，新晋"网红"皮市街、仁丰里、广陵路等，更是吸引着全国乃至世界各地的游客前来打卡。2021年7月中旬，央视《文脉春秋》栏目组来到扬州，围绕古运河、古城、瘦西湖3条主线，进行为期半个多月的采访拍摄，探寻古城历史文化、市井生活，以及非物质文化遗产保护、传承和发展。在央视的镜头里，瘦西湖沉浸式大型夜游"二分明月忆扬州"，让游客流连忘返，明清古城内随处可见的漫步游客，处处绽放着古城的独特魅力。央视编导赞叹：扬州城里人气"涨"、消费"热"、经济"火"，特别是一大批年轻人扎根古城，用文艺生活展创意，将古城厚重的历史文化演绎得活色生香，让城市的烟火气越来越旺。

随后短短10天时间，央视14次集中报道了皮市街和仁丰里，点赞扬州古城文旅融合的创新之举，促进了经济生产，拉动了市场复苏，呈现城市发展与人民创收的双赢局面。《光明日报》《瞭望》刊文，评析扬州现象：古城非遗文创产品以合适的方式打开，年轻人就会饶有兴趣。皮市街、仁丰里为何多次被央媒报道，成为继东关街后扬州古城新的"网红打卡地"，备受年轻人青睐？下面我们就一起走进扬州老街，一探她的前世今生。

扬州古城具有2500多年的建城史，面积18.25平方公里，包括明清历史城区、唐宋城遗址及北郊、西郊等区域，其中5.09平方公里的明清古城是中国东南沿海地区规模最大、风貌保存最为完好、最具"中国味、文化味、市井味"的历史城区之一，是前人留给我们的珍贵历史文化遗产。扬州古城遗址区保存

中国扬州东关老街古城

扬州是个"好地方"

有历代城市的空间结构,由历史街区、传统街巷和历史水系构成的历史文化风貌极富地域文化特色,且整体保存较为完好。数据显示,古城有见证沧海桑田的上百处文保遗存,隋、唐、宋、元、明、清时期较高价值的历史遗存267处,有目睹千帆过尽的数百条历史街巷,或以历史人物命名,或与历史事件、传奇故事有关,或依旧繁华,或趋于落寞,阡陌交错、内外相通。除了有形的物质遗产之外,明清扬州古城极大程度保留了人文气息和烟火气息,是生动的扬州地方文化集中展示区域。

近年来,扬州深入贯彻落实习近平总书记视察江苏、视察扬州重要讲话和重要指示批示精神,围绕"让古运河重生"的时代使命,坚持"宜融则融、能融尽融,以文塑旅、以旅彰文"的发展思路和"融合发展、全域发展、高质量发展"的发展导向,扎实推进文旅融合纵深发展,坚持"小尺度、渐进式、微更新"的发展理念,探索出因地制宜、活化利用的古城保护更新模式。扬州古城在新时代不断焕发新活力,古城人民在"重生"的烟火气中踏上了致富的新赛道。

扬州通过积极探索古城保护更新模式,丰富拓展旅游新业态,提升全链条旅游服务水平。先后探索了以东关街为代表的"政府主导、国企运作"、以南河下为代表的"市直部门、区政府合作"、以仁丰里为代表的"政府引导、居民参与"等多元参与的改造更新模式。其中仁丰里保护与活化利用工程荣获中国建筑学会建筑设计奖一等奖,皮市街被江苏省文旅厅认定为"省级旅游休闲街区",皮市街、广陵路、仁丰里三处保护改造更新项目入选江苏省首批城市更新试点名单。

皮市街:诗词里的"扬州慢"搭上现代的"文艺范"

皮市街位于扬州广陵区,是主城的一条百年老街,北接文昌路、南连广陵路,全长近700米,保留了较为原始的老建筑结构和风格。作为扬州古城发展和历史变迁的见证者之一，皮市街有着深厚的商业文化底蕴和历史名人资源。百年前，这里是扬州城里的时尚街道；时光流转，如今的皮市街再次成为"网红"。两侧的平房保留着民居、老店的原貌，原汁原味地呈现扬州市民生活，街边文艺小店的各式店招和景观小品，花样百出、创意十足。每到傍晚，便有一批青年在街头巷尾"练摊"，他们精心设计出来的文创产品，让传统文化"听得见、看得着、可触摸"，深受市民游客青睐。

百年皮市街再现"夜市千灯照碧云"的繁华盛景，重现"十里长街市井连"的烟火气息，成为年轻人爱逛的文艺网红打卡地。这得益于扬州活态传承传统文化，坚持以原住民安居的生活空间、外地人体验的文化空间、年轻人创业的众创空间为历史文化街区更新修复目标，探索"让古运河重生"的现实路径。

"文化+"让老街重现活力。一是网红店铺聚人气。皮市街曾因皮具商人云集而得名，在政府服务和引导的基础上，由原住民和创业者在市场机制作用下自发演绎成魅力十足的休闲街。咖啡馆、书店、民宿、文创店等商铺云集，网红打卡店近30家，占比45%左右，呈现逐年上升发展的良好态势。通过街区文旅融合创新性发展，老街深巷的市井百态与充满创意的年轻文化在皮市街交织碰撞，相得益彰，逐渐展现人间烟火下的生活美学新场景，创造出极具文化气息的"扬城生活新范式"。二是"嗨！皮市集"展活力。2021年5月以来，东关街道联合相关部门已成功举办了近10场不同主题的皮市集，营造好看、好逛、好玩的公共文化空间。以文创引爆流量，激发了古城活力，撬动文旅产业融合发展，本着"逐步推进、主客共享"的理念，用市场与政府"两只手"推动历史文化街区创造性转化、创新性发展。三是民俗活动显特色。推动街区非遗文创产业集聚，让街区的文物古迹、名人文化、民俗风情等转化成为扬州文化鲜明标识，使历史文化街区有说头、有看头、有玩头、有赚头。近几年的端午前夕，央视新闻直播间用5分钟时长聚焦皮市街的古城传统文化的复兴，助力大运河文化带建设，提升百姓的获得感、幸福感，美在镜头、甜在舌尖、暖在心头,成为"让古运河重生"的生动范例。

"产业+"让老街华丽转身。一是加强业态引导。创意引领和精选业态是涵养历史街区文化生态的抓手,是皮市街更新的重点,必须加强业态引导。明确街区功能定位,鼓励文创手工艺品及纪念品、书店、艺术摄影、民间客栈、小剧场演艺类、非遗展示类、大师工作室等;允许一定比例的古玩字画、文化艺术培训、传统及定制类服饰店、餐饮店、轻食店等;进一步优化商业业态结构和商业网点布局,控制不良业态。通过丰富业态分区功能,凝聚商业人气,取得古城复兴、经济回报、文化传承等正面效应。二是推出文创产品。依托毗邻古运河、双东、何园的地利,在文创企业引进、文化项目组合、文化主题营销等方面进行探索,着力吸引游客、集聚人气。广陵古城牵头设计了皮市街 Logo,开发了系列文创产品,推出了"皮雪糕",开展了"行走的党课——皮市街红色研学线"系列活动,用文艺氛围吸引更多年轻人群常驻,确保街区的创意活力。三是引进重大项目。皮市街业态迥异,更新前期精心选择实力雄厚、经验丰富的合作单位和企业,从顶层设计着手,实现街区由短变长、由线成片。引进的裸园项目,地处皮市街和广陵路交接处,占地面积 1500 平方米,总投资 2000 万美元。该项目集文化旅游、古建筑保护、精品住宿体验于一体,能够与皮市街历史文化街区共生共益。

"服务+"让老街充满温度。一是做好公共服务。着眼于高品质生活打造和高质量发展的推进,像绣花一样对历史文化街区进行微更新,实现宜居、宜业、宜商、宜游,让街区的老年人住得好、年轻人留得下,创客有空间、游客乐意来。建立了湾子街街区(皮市街)管理办公室、游客服务中心,推进街区精细化管理工作;每年投入 300 万元引进万科物业,对皮市街进行"六位一体"物业管理,全力塑造高品质的街区。二是提升街区形象。在历史街区的文化建设上,探索形成了政府主导、市场主体、社会参与的多元化投入格局;进一步优化排水管网,加密消防点位,建设邻里公园、停车场、旅游公厕等基础设施,让古街"外旧内新";街巷美化、室内的文化建设,在规划的约束下面向社会吸引投入,鼓励自带设计方案、自带文化项目、自带投入资金,共同参与文化建设。三是设立共享空间。皮市街街短路窄,寸土寸金。很多文艺青年带着情怀和梦想来创新创业,却缺乏资金和店铺。为将皮市街打造成文旅融合、商肆繁盛的特色街区,政府部门制定出台一系列激励扶持政策,充分调动居民、社会资本和创业青年参与开发的积极性。在皮市街上设立了"共享摊位",举办集市时,供青年创客免费使用。在街角设置一个"共享工具间",把居民家中平时闲置又占地方的折叠梯、冲水枪等工具集中起来,方便大家使用。现在的皮市街,居民乐居,商户乐业,游客乐游,魅力四射,从"网红街区"变"长红街区",在文化产业引导上形成了吸引年轻人的独特气质。

仁丰里:自下而上微更新,千年古巷"破茧成蝶"

仁丰里是扬州明代旧城内留存的历史文化街区,南北全长700余米,东西两侧各15条支巷,整体呈现鱼骨状结构,是典型的唐代"里坊制"格局,千年未变。街区内蕴藏着旌忠寺、文选楼等众多历史文化遗存,留下一代文宗阮元、民国历史学家黎东方等诸多名人足迹。扬州广陵区汶河街道党工委用近10年的时间探索出一条自下而上的文旅融合之路,走出老街与原住民良性互动的保护利用新路径。

一棵百年香橼树下集民智、惠民利。仁丰里82号是有名的"最美庭院",尤其院内那棵百年香橼树,引得人们挪不动脚步。"烟花三月"旅游季,72岁的"园主"张呈生每天都忙着给前来参观的游客讲述原汁原味的古城文化故事。

张老一家五代人居住在仁丰里,见证了这条古巷的几多兴衰和涅槃重生。2017年,仁丰里微更新之路正式拉开帷幕。万事开头难。别看如今的张老热情迎客,当时他可是第一个站出来反对的。张老家对面曾是一间老破旧危房,经

扬州 是个"好地方"

扬州仁丰里（汶河街道供图）

过修缮改造，如今成了一家素食餐厅，免费给孤寡老人提供助餐服务。动工前，张老提出，施工产生的噪声、灰尘会影响附近居民的正常生活。为了获得居民的支持，让改造工程顺利推进，汶河街道党工委直接将议事会搬到了张老家的那棵香橼树下，由街道、施工方、居民等代表共同参与，让大家"把话讲够、把理说透"，综合各方意见和建议共同制订施工方案。

如今，当看到一份份免费午餐送进孤寡老人家中、千年古巷旧貌换新颜，张老的愁容变为笑容，不仅成为仁丰里微更新的忠实粉丝，还当起了义务导游，百年树下集民智也成了仁丰里推进改造的常态化活动。之后，汶河街道党工委不断吸纳居民代表、规划师、法务等专业人才参与，组织成立"仁丰里文化产业联盟""共管共治街区营造站"，汇聚民智为仁丰里鼓与呼、参与谋。

让游客爱上一座城，先要让他爱上这里的人。"我家大门常打开"，就是群众的自发之举。仁丰里150多户居民全部成为老巷微更新的支持者、拥护者、参与者，越来越多的居民成了古城的义务导游。

300多张改造图纸精雕细琢出佳品。"天下玉，扬州工。""扬州工"素以悠久璀璨、精致精细闻名于世。仁丰里的微更新就像打磨一件宝玉，不是小打小敲、小修小补，而是以"扬州工"的匠人精神，对仁丰里进行精雕细琢，让人品不完、看不够。700米的路程，正常步行只需10分钟，可在仁丰里，却需要半小时乃至半天才能走完，这就是微更新的魅力所在。10年来，300多张改造图纸见证了精雕细琢，雕去了"老破旧""脏乱差"的帽子，雕出了居民的幸福指数和老巷的文气扑鼻。

面对老建筑，始终坚持保护为先。2020年4月，仁丰里综合整治二期工程启动。施工前，邀请相关专家、学者对改造部位可能存在文物的地方进行预先定位，并对具有一定文物价值的老物件进行集中清理保存至街区微型博物馆。就这样，一座拥有百年历史的砖雕门楼拂去"尘埃"，重现往日的风采。这座砖雕门楼建于清代，在剥离了覆盖在墙体上的石灰后，露出一幅幅细腻精美的砖雕图案。现在这块砖雕依然在仁丰里23号的门楼上诉说它的美。在仁丰里，除了这座砖雕门楼，通过微更新修旧存旧的古建筑还有很多：清末士大夫的三进宅邸，昔日的破旧不堪，如今是古风典雅的花艺民宿；仁丰里14号一座百年老宅，从荒废闲置到如今成为"小桥流水人家"的非遗根雕工作室；等等。

之所以走微更新这条路，街道党工委上下都谨记一个比喻——古城改造就像给小姑娘开双眼皮，开得好提升形象，开得不好就是一个败笔。2022年，东南大学建筑学院朱光亚教授领衔的省住建厅专家组实地考察仁丰里后，对扬州的微更新古城保护思路给予了充分肯定，称赞仁丰里的保护利用工程既保留了

扬州是个"好地方"

扬州仁丰里鱼骨状结构鸟瞰（汶河街道供图）

历史积淀，又赋予了时代精神。

微更新让仁丰里既留住了"原貌、原住、原味"，又催生了"新形态、新业态、新生活"。守得住初心，终将见月明。

10年坚守"文"火慢炖终蝶变。扬州，是"世界美食之都"。每一道精美的淮扬菜，都是历经慢工细活、文火慢炖，方才香味扑鼻、有滋有味。仁丰里也是如此，急不得、快不得。历经10年的"文火慢炖"，如今仁丰里掀起盖头，火爆"出圈"。每逢节假日，仁丰里便成了一张张图片、一段段视频、一个个文字，被扬州市民、外地游客"晒"在了微信朋友圈，争相打卡仁丰里。

以节为媒，文化搭台，经济唱戏，汶河街道党工委围绕"四时八节"和重大节庆，举办元宵、端午、七夕、中秋等系列民俗文化活动，点亮夜间经济。2022年以来，仁丰里被《新闻联播》《朝闻天下》等国家级媒体聚焦报道44次，被省级媒体报道63次。同年11月，江苏省省长许昆林带队来到仁丰里专题调研，对仁丰里独特的生机和活力给予肯定和赞扬。

1 / 文化繁荣、文旅共兴的"好地方"

庞建东是扬州剪纸市级非遗传承人，如今他的剪纸工作室每到周末就坐满了亲子家庭，在他的手把手教学下，孩子们纷纷沉浸在剪纸的乐趣当中。不少家长说，仁丰里汇聚各类非遗文化，定期开展体验活动，在"玩中学"让传统文化"跳出"课本，触手可及。

优秀传统文化是中华民族的根脉。扬州创新"收储租"模式，租用、收储居民闲置的房源、招引文艺家及其他民资进入，自带设计方案、自带文化项目、自带投入资金，进行自主改造并运营。同时，街道始终坚持各类项目的唯一性，宁缺毋滥、好中选优。截至目前，已引进通草花、铜瓷、古琴、木偶等各类空间58处，其中文化工作室32家，打造文化游学项目27个、研学线4条。街区现有各类非遗人才25名、常驻人才68名、活跃创客233名。

文化是旅游的灵魂，旅游是文化的载体。"文化气息满满"是广大民众对扬州印象最深刻的点。新时代以来，扬州在保护好古城物理形态、空间肌理，传承好古城文化精髓的基础上，妥善慎重地推进古城开发利用，探索出文旅深度融合、人城同兴共富的新路径。围绕打造文化复兴标杆、特色产业标杆、百姓宜居标杆三大复兴目标，从文化引领、业态升级、物质优化三个方面推进"产城人"融合发展，努力恢复活色生香的历史味道，在全面复兴中焕发古城蓬勃活力，不负"让古运河重生"的时代使命。

一是保留古街人情味。一方面，坚持尽量不动迁原住居民、不改变其生活状态，"原貌、原住、原味"保留老街古巷；另一方面，关注市井文化的打造，在保证原住居民传统生活的延续性、原真性的同时，将不同的商业、休闲、文化等要素植入其中，实现宜居、宜业、宜商、宜游，让街区的老年人住得好、年轻人留得下，创客有空间、游客乐意来。

二是整合文化资源。历史文化街区是城市历史的延续、文化的积淀，是留住城市记忆的重要载体。以敬畏之心深挖其文化内涵，建设历史文化展览场馆、皮市街、仁丰里"红色研学线"，活化利用和生动展示历史文化遗存。

扬州 是个"好地方"

三是政府市场两手抓。统筹开展历史文化街区产业研究、规划设计，出台相关政策性文件，用改革激发市场活力，用政策引导市场预期，用规划明确投资方向，用法治规范市场作为。在准入制门槛前提下，吸纳更多新店、新人、新资源入驻老街，鼓励业主自主选择业态、自行开发运营，最终形成政府出环境、市场来检验的良性循环。

四是项目先行引领。通过民生项目改善生活场所、完善综合服务、提升市政基础配套设施，对街区"老街巷""老宅子"等实施利用式更新，满足市民生活和游客出行需要。引入非遗传承项目、艺术工作室、特色文化民宿、文创名店等文旅项目，开辟固定的文化空间，开展传统的、综合性的民间文化活动。丰富"文化+""文创+""美食+""服饰+""建筑+"等融合项目，让街区的文物古迹、名人文化、民俗风情等创造性转化成为扬州文化鲜明标识，使历史文化街区有说头、有看头、有玩头、有赚头，让古城民众的日子有盼头、有劲头、有奔头、有甜头。

1 / 文化繁荣、文旅共兴的"好地方"

弘扬红色文化,激发"好地方"前行动能

扬州是有着2500多年建城史的文化名城,也是具有光荣革命传统的红色热土。扬州曾是全国19块抗日根据地之一,是苏中抗日根据地和淮南抗日根据地的重要组成部分。100多年来,扬州人民在党的领导下,筚路蓝缕,艰苦奋斗,开拓进取,不仅为中国革命和新中国成立付出了巨大牺牲,也在社会主义建设和改革开放新征程中作出了巨大贡献,红色印记深深烙刻在扬州的大地上。党的十八大以来,习近平总书记遍访革命故地、红色热土,反复叮嘱要用好红色资源、传承红色基因。习近平总书记曾多次视察江苏,指出要传承好红色基因。遍布扬州各地的纪念馆所、名人故居、革命旧址、烈士陵园等红色资源,是红色基因的"孕育地""储存库",是感受党的初心使命、性质宗旨、理想信念的有益营养,也是我们干事创业、建设"好地方"的动力之源。扬州牢记习近平总书记的殷殷嘱托,开展精心部署,深耕红色富矿,积极放大红色资源效应,让红色资源活起来。

作为苏中战略要地,扬州早在1927年9月就成立了党组织,恽代英、刘少奇、陈毅、黄克诚、粟裕、张爱萍、叶飞等老一辈革命家曾在这里纵横驰骋,江上青、曹起溍、许晓轩等扬州革命先烈曾在这里浴血奋战,革命先辈们用热血和生命谱写了一首挽救民族危亡和争取人民解放的壮丽史诗,留下了一个个鲜活动人的故事。

扬州 是个"好地方"

红色故事焕发新的时代光芒

6591 平方公里的扬州大地，分布着 150 多处革命遗址遗迹，"以身许党轻生死""革命的妈妈""宁关不屈""甘做'革命'的傻子""越是艰险越向前"……壮怀激烈、感人肺腑的红色故事在这里俯拾皆是。扬州注重在丰厚的红色富矿中持续深挖尘封的记忆、感人的细节，让每一个不朽的传奇变得生动鲜活、丰满立体，进而得到广泛传播，走进人们的内心深处。

深耕红色富矿，一度尘封的红色故事在扬州次第"出圈"——

1945 年 8 月 20 日，汪伪空军教官周致和（蔡云翔）、少尉飞行员黄哲夫（于飞）、赵乃强（张华）、管序东（顾青）等六人，驾驶汪伪政府专机"建国号"，从扬州西郊空军机场飞向延安，在人民空军历史上写下光辉的一页，被誉为驾机起义、投向光明的先行者。[1] 从此，八路军拥有了第一架飞机。2017 年，这一历史篇章被深挖出来，扬州相关部门根据采访汪伪"建国号"飞机起义唯一健在者张华和其他起义参与者后代的口述

许晓轩（1916-1949），男，名永安，字小轩，江苏江都人。1938年5月参加中国共产党，在重庆从事青运、工运工作，先后担任中共川东特委青委宣传部长、中共重庆市新市区区委委员（一说是区委书记）。1940年4月被国民党特务逮捕，先后囚禁于望龙门看守所、贵州息烽集中营和重庆中美合作所的白公馆监狱。在白公馆狱中任临时党支部书记，领导难友进行英勇不屈的斗争。1949年11月27日重庆解放前夕，被国民党特务杀害。

许晓轩简介（梁芹 摄）

---

[1] 宣宝珍：《顾青"建国号"起义中的江都人》，《江都日报》2021 年 12 月 28 日。

资料撰写相关文章，在《百年潮》《党史资料与研究》等多个刊物发表，这一尘封的历史再度引起广泛关注。

著名小说《红岩》中，英雄人物"许云峰"的原型是扬州江都人许晓轩。1938年5月，许晓轩加入中国共产党，1940年任重庆新市区区委书记，同年4月，被叛徒出卖，不幸被捕，后被押往贵州息烽集中营。许晓轩毫不畏缩，在集中营坚持与敌人斗智斗勇，并写下"宁关不屈"四个大字表明心志、激励同志。1949年11月27日，重庆解放前夕，蒋介石下令屠杀狱中的革命者。临刑前，许晓轩高举双手，向牢房的战友道别。随后从容就义，年仅33岁。70年后，这个故事被挖掘改编成现代扬剧《许晓轩》、扬州评话《永恒的信仰》，赓续流传。

红色文化接地气、有人气，才有生命力。扬州通过细查文献档案、征集口述史料、摸清红色场馆等举措深度挖掘红色资源，并借助实物、图片、雕塑、视频、曲艺、文学、手绘等多种方式讲好红色故事，让红色文化喜闻乐见、亲切可感，圈粉无数。特别是将红色文化注入扬州传统曲艺形式，积极开拓创新，大力推出具有扬州特色的红色文化产品，激发人民群众对红色文化的关注和学习兴趣。近年来，扬州将红色文化与扬剧、扬州评话、扬州清曲、扬州弹词、淮剧等艺术形式结合起来，打造出了思想深度与艺术高度兼备的红色题材作品50余部，如扬剧《阿莲渡江》《血色浪漫》《许晓轩》《江姐》，扬州评话《永恒的信仰》《又唱艳阳天》，淮剧《浪起宝应湖》，扬州清曲《扬州是个好地方》，扬州弹词《写给女儿的信》《第一书记》，等等。一部部生动活泼的红色文艺作品深情回望革命先辈浴血奋战的红色足迹，生动讲述党的故事、革命的故事、根据地的故事、英雄和烈士的故事，鲜活呈现中国共产党人的赤诚丹心，激励党员干部筑牢信仰之基，砥砺初心使命，让红色精神焕发新的时代光芒。

扬州是个"好地方"

教育载体鲜活呈现红色历史

红色基地是弘扬红色文化传承红色基因的重要载体,载体创新让红色历史、红色精神得以鲜活呈现。据摸排统计,扬州共有150多个红色遗址、场馆,其中,重要党史事件和重要机构旧址有31处,重要历史事件及人物活动纪念馆有13处,革命领导人和重要人物故居有5处,烈士墓、碑有47处,纪念设施有35处。[1]这份弥足珍贵的红色文化"家底",充分展示了党在扬州大地的光辉历程、生动实践、伟大成就和宝贵经验,赓续着共产党人的精神血脉,蕴含着我们"从哪里来"的精神密码,也成为我们"走向何方"的精神路标。

在细查红色遗存,摸清红色家底的基础上,扬州精选了一批保存完好、可供参观的红色遗址、遗存,进行深入挖掘,修缮改造,大力创新,先后打造了曹起溍故居、江上青烈士史料陈列馆,"张爱萍在方巷"史料陈列馆,郭村保卫战纪念馆、许晓轩故居,高邮市的抗战最后一役文化园,周恩来少年读书处、红枫园等红色教育基地,形成了一批各具特色、互为补充、生动鲜活的"实境课堂"。这些红色基地在图文展示的基础上,灵活运用3D、VR、全息影像等科技手段,切实提升代入感和真实感,变"陈列式展览"为"多样式教育",变"阵地式讲解"为"体验式互动式宣讲",生动阐释红色资源蕴含的理想信念、价值理念、家国情怀、革命精神等,使人们在潜移默化中接受熏陶、引领与塑造。

---

[1] 张玉峰:《江苏扬州:用好本土红色资源 激发"好上加好"前行力量》,人民网,http://js.people.com.cn/n2/2021/0506/c360300-34711357.html。

1 / 文化繁荣、文旅共兴的"好地方"

江上青烈士史料陈列馆（梁芹 摄）

"红色+"助力新时代扬州高质量发展

扬州文化底蕴深厚，拥有丰富的地域特色资源。扬州古城保护利用享有盛名，东关街、南河下、仁丰里、湾子街等4片历史文化街区是古城活化利用典范；扬州水资源丰富，地位特殊，是大运河原点城市，是南水北调东线源头；扬州是旅游名城，"三都"品牌是一张亮眼的城市名片；扬州宗教类型丰富，源远流长，仙鹤寺、大明寺、高旻寺等寺观庙宇在全国宗教界有较高的知名度，在海外也有相当大的影响力。红色资源与这些本土特色资源相互影响、相互补充、相互融合，对扬州的政治、经济、社会、思想、文艺等诸方面产生了广泛的影响。近年来，扬州精心结撰红色篇章，抓实做好"红色+"文章，将红色

扬州 是个"好地方"

资源与本土优质特色资源加以整合,推动红色文化创新性发展和红色资源创造性转化,助力新时代扬州高质量发展。

"红色+古色",赋能古城复兴。仁丰里是扬州四大历史文化街区之一,也是江苏省历史文化街区。在这段700米长鱼骨状历史文化街区里,有代表红色文化的江上青烈士史料陈列馆、代表家风文化的阮元家风学堂,也汇聚着清曲木偶、古琴古筝、书法雕刻、装帧剪纸等诸多文化品类,其古城保护微更新的探索实践,更是在全国颇具影响力。广陵区汶河街道充分整合以仁丰里为代表的辖区内的红色资源和古色资源,先后打造了"红耀汶河·初心之路""红耀汶河·尚廉之路""红耀汶河·传承之路"系列干部教育现场教学精品专线,编排了仁丰里小剧场《永不磨灭的印记》《闯镇》等红色剧目。汶河街道"运笔描红",点燃古城经济"红色引擎",将红色资源转化为发展效能,走出了红色文化赋能古城高质量发展的新路子。如今,每年来仁丰里参观学习的人络绎不绝,人们在这里追寻红色足迹、感受家风文化、体验非遗艺术、参与民俗活动,相关活动多次被《新闻联播》《人民日报》等主流媒体报道。

5.09平方公里的明清古城是扬州独具特色的文化IP,革命先辈们在此留下的红色足迹更为古城增添了许多传奇色彩。近年来,扬州深耕古城红色资源集聚优势,立足古城保护和有机更新工作,把红色课堂搬到古街巷陌、城市更新项目现场,差异化、特色化打造专题培训线路,常态化开展红色体验、文创展示、红色观影、读书沙龙、红色宣讲等"行走的党课"研学思活动,推动党员群众在"听、看、读、悟、行"中,感悟红色文化,锤炼党性修养。在扬州,红色文化与千年古城的古风古韵相互激荡,相得益彰,互促共进,在新时代共同焕发出了蓬勃的生命力。

"红色+运河",打造专属印记。中国大运河扬州段不仅是一条历史之河、文化之河,还是一条红色之河,红色资源散布于大运河畔:东关街338号,是扬州最早的党组织的领导人曹起溍出生和成长的地方;安乐巷27号的朱自清故居，现代著名散文家、教育家、诗人、学者和民主战士朱自清在这里度过了他的童年和少年时期；宝应县城县南街水巷口3号，周恩来曾在这里与其表哥、进步青年知识分子陈式周同窗共读……这些见证着红色革命历程的地标旧址、红色人物的故居老宅，都在大运河沿岸。这些宝贵的红色资源，构成了运河文脉的底色和不可磨灭的红色记忆。扬州高度重视在大运河文化带建设中凸显红色基因，以大运河为主线，把一批红色文化场馆纳入大运河旅游项目中。广陵区串联打造的"前进汶河1号线""红耀古运河研学二号线"等4条红色研学线吸引了不少游客，激励人心的红色资源与底蕴深厚的运河文化融于一体，将红色教育、榜样典型宣传融于古运河风光之中。扬州党史办联合相关单位在大市范围内设置了沿大运河红色线路。该线路从扬州古运河至江都邵伯湖、高邮湖、宝应射阳湖等，将大桥、郭村、临泽、界首、射阳湖、西安丰、柳堡等镇与宝应、高邮城串联起来，系统化整合了红色资源，综合发挥了红色资源的教育效能。

"红色+绿色"，助力乡村振兴。扬州充分利用红色文化资源与绿色生态资源，以红色文化带动生态旅游和乡村旅游，助力乡村振兴。柳堡镇团庄村是宝应县的革命老区之一，因村庄四面环水而得名，迄今建村已有近300年历史，自然资源丰富，生态环境优美，文化积淀丰厚。1956年电影《柳堡的故事》在这里拍摄，纪念宝应县首位中共党员夏凤山烈士的凤山园也坐落于此。近年来，团庄村围绕电影《柳堡的故事》、凤山园等红色资源，结合里下河地区生态湖荡水韵文化、传统村落民俗文化重点打造红色文化品牌、绿色生态品牌的特色田园乡村，逐步形成生态休闲农业观光园、生态渔业休闲游乐园、梅桂农庄休闲体验园、乡村民宿养生园、水乡河岸观光园、民宿农家乐等项目，特产商铺也同步崛起。通过探索"红色+绿色"的融合发展模式，团庄村不仅丰富了红色教育活动内容、传承了红色革命精神，还带动了村民就业，促进了富民增收，先后荣获江苏省卫生村、江苏省生态示范村、江苏省三星康居示范村、江苏省

扬州 是个"好地方"

三星级旅游乡村等荣誉。2015年，团庄村被列入首批1000个"中国乡村旅游模范村"。[①] 团庄村是红色资源助力乡村振兴的一个缩影，扬州一直"笔耕不辍"，不断书写"老区不老，势头正好"的新篇章。多年来，扬州致力于把红色资源与乡村旅游、观光农业等开发规划相结合，把追寻红色足迹的精神诉求和观赏田园风光的审美愿望相结合，精心打造宜居、宜游、宜传的美丽乡村，不仅实现了红色基因传承，也为建设农业强、农村美、农民富的新时代鱼米之乡增添了动力。

扬州将红色资源与本土各类特色资源形成合力，以红为魂形成了一个个相互促进的产业链条，把红色资源最大限度地转化为红色经济，不仅减轻了红色资源保护对财政经费的依赖程度，也让红色文化在融入经济社会发展、参与人民群众的生产生活中得到有效弘扬，穿越时空散发出新的魅力和活力。

习近平总书记指出，文化自信是一个国家、一个民族发展中更基本、更深沉、更持久的力量……推动中华优秀传统文化创造性转化、创新性发展，继承革命文化，发展社会主义先进文化，不忘本来、吸收外来、面向未来，更好构筑中国精神、中国价值、中国力量，为人民提供精神指引。[②] 作为具有光荣革命传统的红色热土，扬州高度重视红色资源的活化利用，用心讲好红色故事，创新打造红色教育基地，激活高质量发展红色引擎，让红色文化"活起来""火起来""动起来"，推动红色文化教育入脑入心，让人们从红色文化中汲取奋发力量，激发好地方前行动能，把扬州建设得好上加好、越来越好。

[①] 朱雨萱、王莉、李菲菲：《革命电影里走出来的红色村庄——柳堡镇团庄村》，人民网，http://js.people.com.cn/n2/2022/0624/c360302-40009449.html。

[②] 习近平：《中国共产党领导是中国特色社会主义最本质的特征》，《求是》2020年第14期。

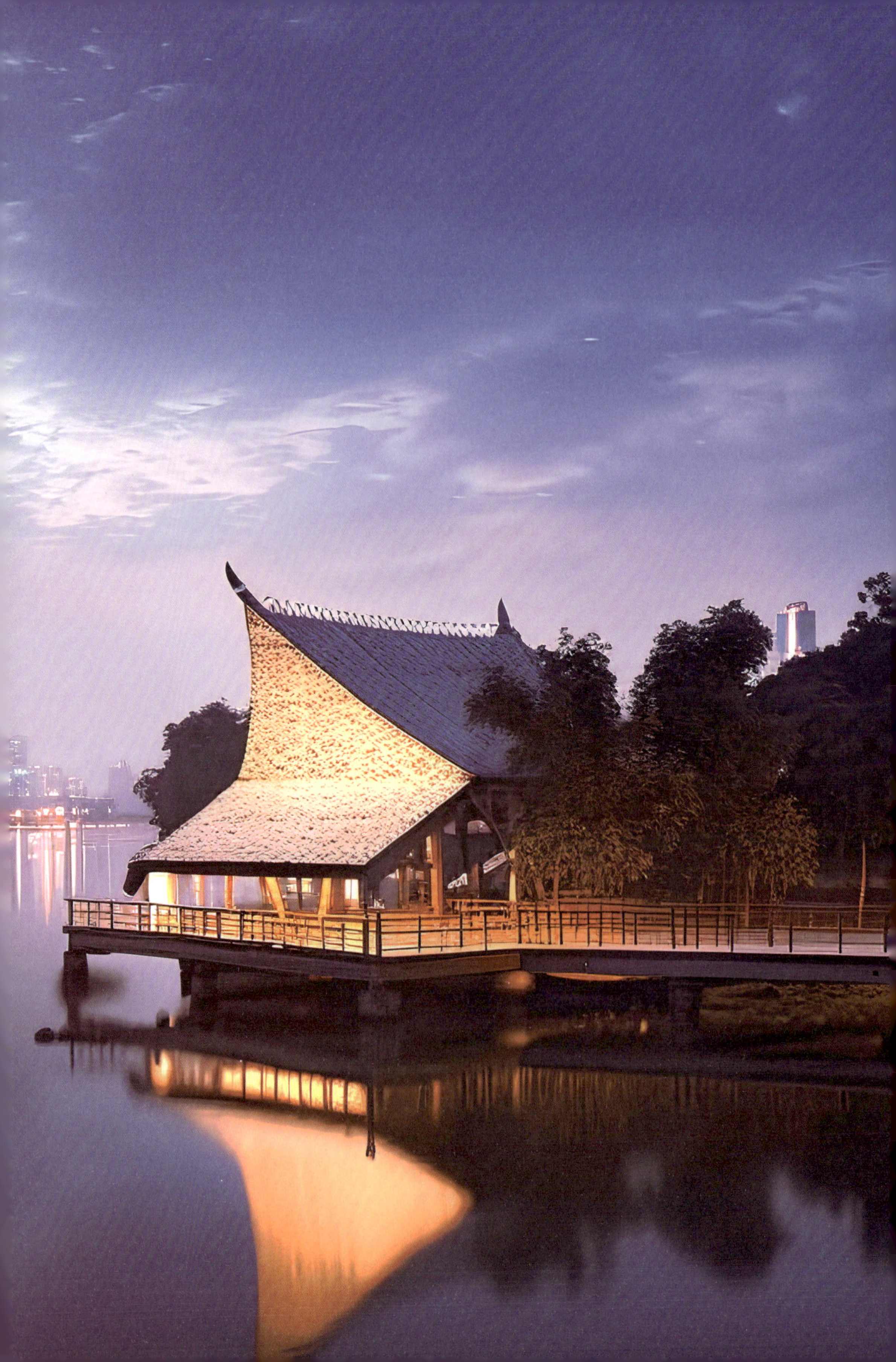

2

创新引领、产业兴旺的"好地方"

习近平总书记参加十四届全国人大一次会议江苏代表团审议时强调，要坚持把发展经济的着力点放在实体经济上。多年来，扬州坚持以先进制造业为骨干，以传统优势产业、战略性新兴产业、未来产业为重点，坚定不移推动产业强市建设，不断构筑扬州产业发展的比较优势和综合竞争优势，为经济高质量发展提供更加坚实的支撑。具体来看，扬州紧扣科技创新要素，坚持产业科创与科创产业双向发力，狠抓产业科创名城建设不动摇；立足本地产业基础，产业集群与延链强链加速推进，形成"6群13链"产业体系；聚焦数字化智能化转型，推动数字经济与实体经济深度融合，支持传统产业优化升级。数据显示，"十四五"以来，扬州工业开票连续跨越2个千亿级台阶、达8212亿元，六大主导产业集群总产值达6400亿元，全市高新技术产业产值占规上工业产值比重达51.5%。

扬州 是个"好地方"

产业科创，千年古城塑新韵

  科技是强国之基，创新是兴邦之魂。习近平总书记在党的二十大报告中明确提出"坚持科技是第一生产力、人才是第一资源、创新是第一动力"的重大要求，在考察江苏时作出了"要在科技创新上率先取得新突破，打造全国重要的产业科技创新高地"的重要指示，为我们擘画了"强富美高"新江苏、"好地方"扬州现代化建设的宏伟蓝图。奋进新征程、建功新时代，扬州必须践行嘱托、扛起使命，始终沿着扬州现代化建设的方向奋勇前行，把习近平总书记的重要讲话和重要指示批示精神落到实处。2021年10月22日，中共扬州市第八次代表大会明确了未来5年的发展目标，即聚焦"三个名城"，争做"三个示范"。其中，第一个目标就是聚焦产业科创名城建设，争做长三角一体化高质量发展的示范。

  近年来，扬州深入实施创新驱动发展战略，聚焦聚力产业科创名城建设主航道，围绕产业发展、企业创新、人才引培、平台建设和金融支持打出政策"组合拳"。例如，在科创载体建设方面，启动实施新一轮《扬州市科创载体高质量发展三年行动方案（2023—2025年）》，发布科创载体创新地图，推动科技产业综合体逐一明晰产业定位，聚焦重点产业系统化布局建设科创平台，完善"专业团队＋孵化空间＋公共平台＋创投基金"运营模式。全市投入运营科技产业综合体30个，使用面积401万平方米，入驻企业4700家。累计建成省级

2 / 创新引领、产业兴旺的"好地方"

以上科技企业孵化器 36 家（其中国家级 10 家）、众创空间 77 家（其中国家级 19 家）。拥有国家高新技术企业近 1600 家、科技型中小企业近 2500 家，高新技术产业产值占规模以上工业产值比重超 50%。目前，扬州获批第二批全国小微企业创业创新基地城市示范，国家创新型城市创新能力评价跻身前 30 名，在长三角地区 41 个城市中，扬州创新生态指数排行第 11 位，位列江苏省第 5 位。

近年来，扬州高新区走出了以智能装备制造为主导、以生物技术为增长极的发展格局。园区数控成形机床产业国内领先。例如，扬力集团、扬锻集团、金方圆集团位列国内行业 5 强。同时，全球排名第一的通快集团和全球排名第四的舒勒集团先后落户园区；农牧装备产业全球知名，丰尚公司饲料机械产量亚洲第一、全球第二；智能制造项目持续涌现，新扬科技翼龙 2 无人机、维邦机器人割草机、伏尔坎大型物流运输装备已进军海外市场；生物医药产业集聚了完美、威克生物、联环药业等一批龙头项目。当前，扬州高新区共有国家高新技术企业 103 家，国家和省级"三站三中心" 87 个，省重点实验室 1 个，省级科技孵化器 2 个、省级众创空间 1 个，国家级科技孵化器 3 个、国家级众创空间 3 个，园区企业拥有发明专利超过 500 个，高新技术产业产值占比超过 60%。这些成就的取得与扬州高新区不断打造提升科技平台，引进培育专精特新、独角兽、瞪羚企业，打造优良营商环境的努力是分不开的。

高起点建设科创平台，依托科技园区集聚创新力量

扬州高新区立足长三角区域一体化发展国家战略大背景，鼓励龙头企业与省产研院合作建立联合创新中心，对通过省产研院对接形成的技术合作给予补助，建成新扬新材料等 6 家联合创新中心，数量名列江苏省前列。近年来，高新区通过与国内知名高校、科研院所、骨干企业建立合作共研关系，按照"市场化运作、专业化经营、公司化管理、合同化资助"平台建设新理念，建成北

扬州是个"好地方"

京机电所扬州创新中心、中国机械总院江苏分院扬州智能制造科创中心、体外诊断创新中心、医工协同创新中心等多个功能型科创平台。

围绕国家双创示范园区、江苏省科技型创业企业孵育项目，实施科技企业孵化器跃升计划，加强政策集成，强调功能提升，引导金荣科技园、扬大科技园等孵化器向专业化、特色化、市场化、规模化方向发展。扬州高新区获批全国首批双创示范园区、首批省级众创社区、省科技型创业企业孵育项目，建成国家级孵化载体7家。为进一步集聚创新力量，扬州高新区坚持制度创新，积极建设创新飞地。在创新资源密集、创新活动活跃、创新成果丰硕、创新人才聚集的发达地区，建设布局一批市场化、专业化、特色化的离岸孵化创新基地，实现高新区科技创新"借梯登高"跨越式发展。其中，新建中德斯图加特（扬州）海外合作创新中心和北京·扬州创新中心两家离岸孵化创新中心，为推动更多科技人才和科技成果在外研发、在扬落地发挥了积极作用。

在积极打造科技平台的同时，扬州高新区还依托科技园区及时对科创企业开展一对一服务，推进综合施策。例如，高新区金荣科技园内的霞光光电从事军工光学仪器涉密核心部件的研发，仅仅用了3年时间，便掌握了成熟的技术，拥有了稳定的市场，从"小雏鸟"成长为"金凤凰"。又如，扬州威凯莱激光科技有限公司专注半导体激光技术的开发应用研究，当前正处于闯市场的起步阶段，刚进驻初期，园区就提供了"提包入住""物美价廉"的车间。经过一段时间发展后，公司现在搬进了扬州高新区金荣科技园3000平方米的新厂房，为接下来大展拳脚开拓了广阔空间。金荣科技园本身就是一个科技企业孵化器，创业者带着梦想在此落户后，快则1年，慢则5年，经过创业初期的历练，跨过死亡谷，很快就会进入新成长期。比如，思普尔科技，该公司5年前作为本土"草根"，还"蜗居"在金荣科技园一层不到500平方米的厂房里，如今已经掌握半导体设备研发技术。2021年3月，扬州思普尔科技有限公司半导体设备研发制造及6英寸晶圆芯片实验线项目正式签约落户扬州高新区，总投资10亿元，年产值达 20 亿元。作为国家级众创空间、国家级中小企业孵化器，金荣科技园开发面积 15 万平方米，现在已成为扬州规模最大、空间形态多样的孵化载体。

为了让小微科创企业成长得好、发展得顺，园区针对企业需求还提供个性化服务。对于"缺钱"的企业，园区根据项目质态以投资参股形式给予帮助；对于"缺人才"的企业，则进一步牵线搭桥，引进复旦大学、西安交通大学等多家一流高校在园区设立研发分支机构，为其提供智力支撑；对于"缺地"的企业，则优先保障供地，解决其后顾之忧。当前，金荣科技园已孵出 70 多家进入高成长轨道的"准瞪羚"企业，发展态势越来越好。

以培育瞪羚、独角兽企业为抓手，塑造科创产业新链条

独角兽、瞪羚企业的发展水平是区域经济晴雨表，发展和壮大独角兽、瞪羚企业，对经济社会高质量发展具有较强的引领带动作用。在这方面，扬州高新区提早谋划，积极布局，构建了"科技型中小企业—高新技术企业—瞪羚企业—专精特新'小巨人'企业—上市领军型企业—潜在独角兽企业—独角兽企业"的七步梯度培育体系，根据企业不同的发展阶段精准施策。

2022 年和 2023 年，潜在独角兽企业——朗森特和江苏鹍远分别获批。

朗森特科技有限公司成立于 2016 年，是一家"互联网＋智慧医疗"企业。该公司以打造全新的互联网数字医疗健康生态为目标，采用独特的无须物理接口的数据采集技术，实现医疗数据的互联互通，专注于医疗系统大数据的生产、采集、开发、集成和应用，致力于在一个平台上实现所有远程医疗服务。公司研发的综合性、完整性产品结构——朗森特爱加健康系统，概括为"1+3+N"系统："1"代表 1 个医疗大数据基础平台，通过此平台实现数据聚合、服务聚合及资源聚合；"3"代表 3 个核心产品，即居民电子健康档案系统、互联网医院系统、药品流转系统；"N"代表 N 个增值模块，涵盖管理者、家庭医生、处

> 扬州 是个"好地方"

方流转、耗材流转、云 HIS、云 LIS、云 PACS、区域影像、远程内镜、区域心电、院内心电、远程查房、复旦云病理、远程超声、远程示教、医学教育、医生园地等各项远程医疗服务。目前，朗森特科技有限公司已获得国家高新技术企业、江苏省软件企业、医疗器械注册证（软件生产）、互联网医院牌照、ISO9001 质量管理体系认证、ISO27001 信息安全管理体系认证等资质。

江苏鸥远生物科技股份有限公司于 2014 年创立，该公司是由 5 位来自科研学术、医药企业、金融投资行业的专家共同创立的，分别是高远教授、张鹍教授、张江立博士、刘强博士和刘蕊博士。2022 年，江苏鸥远生物科技股份有限公司在扬州高新区拿地开工建设，2023 年正式投入运营。该公司主要以攻克癌症早期筛查与诊断为目标，并基于分子诊断技术开发了一系列肿瘤和遗传疾病的基因检测解决方案。其自主研发的结直肠癌多基因甲基化检测试剂常艾克，具有特异性高、灵敏度高、无痛无创等核心优点。产品特异性高达 92%，综合灵敏度高达 86%，仅需 8ml 静脉血，就可以检测出结直肠癌的早期症状，无须清肠等肠道准备，江苏鸥远也因此获得国家级专精特新"小巨人"企业、高新技术企业、福布斯中国 2022 独角兽企业等荣誉称号，拥有中国第三方医学检验机构执业许可证、医学检验所 CPA 认可证书等，并且参与起草《结直肠癌分子检测高通量测序中国专家共识》。企业还决定将集团总部从上海迁移到扬州，打造精准医学和肿瘤早筛早诊领域的国际领军企业。目前，集团的股份公司已经正式落迁到扬州，营业执照等手续已经办好，股份公司已经拿到了医疗器械的经营许可证。

创新是科创产业发展的命脉。对于扬州高新区来说，起初发展生物医药产业并没有什么"家底"，但一旦启动科创产业的键盘，扬州高新区便旗帜鲜明地把生物健康产业定位为面向未来的战略性新兴产业，并多措并举进行精心滴灌培育，如今已然结出了硕果。下一步，扬州高新区将继续完善企业培育体系，提升政策扶持力度，加大对独角兽、瞪羚企业的引进和培育力度，提升企业知名度和影响力，为独角兽、瞪羚企业成长壮大营造创新发展氛围。与此同时，高新区将继续以朗森特和江苏鹍远等企业为龙头，不断吸引产业链上下游科创企业集聚，形成优势互补的发展态势。

优化营商环境，打造良好创业生态

营商环境是市场经济的培育之土，是市场主体的生命之氧。只有进一步优化营商环境，才能真正解放生产力、提高竞争力。扬州高新区在打造营商环境工作中，既注重依法依规，又立足企业发展实际，竭尽全力满足科创企业发展需求，做好服务保障工作。比如，奥力通项目是一个符合高新区产业布局的大项目，为了成功招引该项目，高新区足足用了 3 年时间。事实证明，3 年的努力付出是值得的。奥力通是一家以生产高端起重机核心部件为主的科创企业，是国内欧式起重机及智能吊运领域名副其实的"领头羊"，该项目全面达产后可实现销售额约 15 亿元，税收 1.5 亿元，发展前景十分看好。

但好事总是多磨。项目签约后，立刻便出现一道难题。起初，由于该项目市场行情看好，企业方希望能在 2021 年 6 月开工建设、年底建成投产。按照过去的习惯做法，企业这一诉求很难满足。但此时非彼时，形势发生变化，思想也要与时俱进。诉求就是"哨声"，对此，高新区相关部门紧急启动方案，就如何优化程序，实现项目提速，成立专门服务工作组。工作组细化工作流程，一遍遍研究政策，一个个化解堵点。2020 年底，《扬州市开发园区重大产业项目预审批实施细则》出台，明确可以实行"零条件"容缺受理。据此，高新区率先尝试，在重点项目上实现了新的突破。

当前，对高新区而言，优化营商环境不是一句空话，好的营商环境就是实干出来的，"好地方、事好办"更不是空话，而是拼出来的。奥力通项目签约之后，高新区也就此按下了发展"快捷键"，跑出了创新"加速度"。从签约到办理施工许可证预审，只用了两个半月。由于得知了奥力通项目快速推进，一些企业也跟着与高新区正式签约，从而引起了连锁效应。

软环境也是生产力，好服务能引发"葡萄串效应"，奥力通项目就是最好的证明。

若按照过去的做法，企业竞得土地，缴纳土地出让金之后，先办理土地证，然后串联挨个进行包括环评、建设工程规划许可证、施工许可证在内的各项审批，加上企业设计方案和图纸的编制、修改，项目从拿地到动工，起码要4个月时间，有时候需要花费半年甚至更长时间。现在，通过优化流程、并联审批，后面的事提前做，前面的事加快做，拿到地即可施工。两相对比，快慢立分。

对企业而言，"时间就是效率，'拿地即开工'助力项目加速跑"。奥力通项目负责人刘书斋表示，"红蓝章"模式让企业感受到政策的温暖与善意，也感受到扬州营商环境的"四季如春"。让"好地方"扬州的营商环境越来越好，必须体现在具体的行动上。从蓝章到红章，看到了审批制度改革中的创新思维。"零条件"容缺受理，打破了串联办理模式，审批事项最少、审批效率最高、服务环境最优，一系列新办法、新方法让办事效率一提再提，让营商环境好上加好、越来越好。[①]

吸引科创高端人才，培育产业发展新优势

科创产业的发展离不开一批科创企业家的创新创业的带领，扬州制汇互联信息技术有限公司法定代表人、总经理罗红宇就是扬州高新区科创产业发展的先进典型代表。

[①] 殷荣彬、陈云飞：《扬州高新区实行"红蓝章"预审模式——拿地即开工 项目加速跑》，《扬州日报》2021年1月28日。

2 / 创新引领、产业兴旺的"好地方"

2016年，在"中国制造2025"的基础上，国务院部署推动"互联网+"融合发展，提出深化供给侧结构性改革，促进制造业转型升级。罗红宇不甘心于搞纯粹理论研究，而是更加热衷于实践。基于自己以往的经验，他认为这是一个全新的机会，以"互联网+先进制造业"为发展方向，解决产业链、供应链上的技术不对称、信息不对称等问题，建设面向智能制造产业供应链的工业大数据平台——"工业汇"。在互联网时代，任何一家工业制造业企业都能参与其中，而"工业汇"恰恰提供了这样一个快捷方便的平台，让生产制造企业通过匹配，找到合适的合作伙伴。

2017年6月，罗红宇携创业团队落户扬州高新区，创立扬州制汇互联信息技术有限公司。公司专注于工业互联网平台建设、供应链集成服务、智能装配制造及数字化工厂建设。围绕数字经济建设，以大数据平台为支撑，以产业链供应链为抓手，以制造业转型升级为牵引，用数字技术赋能产业发展。"工业汇"现有入驻企业163万余家、收录520余万工业产品，会聚220万行业人员，平台月访问量最高突破4000万人次，已经成为我国智能制造领域领先的工业互联网平台。

扬州制汇互联信息技术有限公司是国家高新技术企业、国家工业互联网产业联盟成员单位、江苏省软件企业，已申请发明专利23项，其中授权10项，授权软件著作权23项。近年来，公司被评为江苏省中小企业公共服务示范平台和江苏省工业电子商务创新发展示范平台，已完成深圳启赋资本、北京中德汇基金、扬州国金集团（天使人才基金）的两轮融资，投后估值1亿元。

目前，公司依托"工业汇"平台庞大的数据库，专注于展会服务和二手设备交易服务，同时又陆续推出"E企管""AI样本"等新产品，帮助中小型制造企业智能化运营管理，快速获取客户需求信息等。"目前全国还有90%的中小型制造企业没有进入'工业汇'平台，二手设备也是一个千亿级的市场。"罗红宇谈起公司未来的发展充满了雄心壮志，希望将"工业汇"打造成工业"美团"，

扬州是个"好地方"

在 2025 年实现资本市场上市。

推动扬州高质量发展，必须贯彻好新发展理念，融入新发展格局，突出科创核心地位，强化科技自立自强意识，激发创新"第一动力"作用。接下来，推动扬州产业高质量发展，扬州将聚焦产业科创名城建设，以科创企业家为引领，以实体经济为主攻点，持续优化创新创业生态和营商环境，布局战略载体平台，健全科创供给体系，赋能产业转型升级，努力建设长三角地区具有影响力和竞争力的产业科技创新高地，争做长三角一体化高质量发展的示范，不断夯实"强富美高"中国式现代化扬州篇章的建设根基。

2 / 创新引领、产业兴旺的"好地方"

链群双育，产业强市蹚新路

2020年4月，习近平总书记提出构建以国内大循环为主体、国内国际双循环相互促进的新发展格局，明确了我国经济现代化的路径选择，对做好经济工作、加快建设现代化产业体系、推动制造业高质量发展提出了与时俱进的新要求。

制造业是立国之本、强国之基。为了推动高质量发展，深入推进新型工业化，坚定不移筑牢制造业根基，扬州在2023年制定《加快建设制造强市行动方案》，聚焦发展6大主导产业集群和13条新兴产业链，其中就包括汽车及零部件产业集群、新能源及智能网联汽车新兴产业链。扬州坚持产业科创名城建设的主航道，聚焦聚力建设"613"产业体系，不断推动汽车产业由传统能源向新能源、由传统制造向智能制造转变，实现整车升级和零部件专精特新"两条腿"走路，为产业强市蹚出了一条新路。

汽车及零部件产业是扬州的主导产业、基本产业，也是扬州推进产业科创名城建设的重中之重。在中国汽车产业版图上，扬州已经成为举足轻重的板块。

着眼高远，扬州步履铿锵筑梦"汽车之城"

汽车产业是我国国民经济的支柱性产业，是具有现实重要性和长远战略性的产业。一个强大的汽车产业既是推动高质量发展、创造高品质生活的关键支

扬州 是个"好地方"

撑，也是不断提高产业发展水平和国际竞争力的必然要求。汽车产业的产业链庞大而复杂，而且，汽车作为高价值量的终端产品，涉及大宗原材料、基础化工、机械设备、半导体、人工智能、大数据等上中游产业，与其他行业联系紧密，对经济社会发展意义重大。

扬州看到了汽车产业发展的广阔天地，抓住机遇，把汽车产业作为第一优先发展的基本产业。翻开扬州城市发展史，和汽车有着无法割裂的联系。

扬州的汽车工业史，最早可追溯到1949年在上海建立的华东空军后勤部汽车修理所（1955年迁往江西上饶），1958年春该厂奉命迁到扬州，与1952年创办的扬州汽车修理厂合并为江苏省扬州汽车修配厂，以修理汽车和生产小配件起步。伴随着我国改革开放和经济社会迅猛发展的历程，1981年，扬州汽车修造厂成功研制JT663型客车，在市场上独领风骚，标志着我国第一台客车专用底盘的诞生，创造了中国公路客车的"神话"，在中国汽车工业发展史上具有划时代的意义，并连续七年在客车同行领先。同一时期，江苏仪征汽车制造厂生产的"黎明"汽车畅销全国、远销海外，扬州汽车产业初具规模。20世纪90年代，江苏亚星与梅赛德斯-奔驰合资组建"亚星-奔驰有限公司"，扬州亚星客车股份有限公司在国内领先上市，成为扬州第一股。扬州汽车产业在90年代迅速发展壮大，逐步形成了汽车（含摩托车）制造、改装和零部件生产共同繁荣的局面，成为全市工业经济的支柱产业之一。

经过半个多世纪的发展，扬州的汽车产业已经形成了自己的特色，产业规模超千亿，而且集聚发展态势明显。全市汽车产业形成仪征、江都、邗江、开发区四大板块集聚发展的良好局面。其中，仪征汽车工业园是江苏省三大乘用车产业基地之一；江都汽车产业园具备年产客车2万辆、皮卡货车10万辆、乘用车3万辆、专用车1000辆的生产能力；扬州（邗江）汽车产业园是江苏省新能源汽车产业基地；扬州经济技术开发区集聚打造汽车轻量化研发高地和氢能产业集聚区。到目前为止，全市共有规模以上汽车企业340家，其中整车和改装车生产企业 27 家，汽车产能近百万辆，产品种类齐全。其中一些企业交出亮眼"成绩单"：上汽大众仪征分公司是大众集团在德国本土以外的首家标杆工厂；潍柴亚星的新能源客车、商务车远销中东、西欧、东南亚等地；中集通华是行业内研发能力最强、产品品种最全的标杆企业，整车产量和产能利用率一直名列前茅。

2023 年以来，扬州锚定产业科创名城建设"主航道"，加快推进制造强市建设，全市制造业保持了稳中向好的发展态势。如今，扬州汽车产业快速发展，形成了规模整车制造与汽车零部件及配件制造两大成熟板块，稳居重点优势产业前列，发挥了"压舱石"的作用。

可以说，造汽车是扬州几代人的情结；汽车城，是扬州矢志不渝的追求；汽车产业，已经成为融入扬州城市发展脉络的地标产业和重点发展的主导产业。

扬州文昌阁地标建筑

经过扬州市政府与各汽车制造商的共同努力，已初步实现了品牌高度集聚、项目不断崛起、公共服务平台基本完善和产业升级规划初具雏形等目标要求，这些汽车及零部件产业基地，已经成为扬州规模最大的汽车工业集聚区，扬州汽车产业实现再出发、掀开新篇章。

满腔热忱，扬州汽车产业全产业链优势彰显

紧跟"电动化、智能化、网联化"的发展趋势，扬州汽车产业积极抢占发展"新赛道"，重点布局电动汽车、氢燃料电池、智能网联、汽车轻量化等新兴项目，加速推动汽车制造业与生产服务业融合发展，形成了汽车产业发展的明显优势。

第一，基础雄厚，零部件链条齐全。可以说，不出扬州城，就能够找齐一辆整车所需的全套零部件，具备全产业链配套能力。扬州拥有 27 家车辆生产企业，其中整车生产企业 4 家（上汽大众仪征分公司、亚星客车、潍柴亚星新能源、九龙汽车），改装车生产企业 23 家，主要产品有乘用车、客车、环卫车、房车、皮卡车等。扬州还拥有亚普股份、潍柴扬柴、亚新科活塞环、奥力威等一批基础好、实力强、品牌知名度高的零部件企业，为上汽、一汽、东风、广汽、吉利、长安等知名整车企业配套。其中：潍柴扬柴已经成为潍柴集团三大柴油发动机制造基地之一；亚普股份连续多年保持全国第一、全球第三的行业地位；东升汽车是我国商用车稳定杆行业的龙头企业，国内市场份额高达 70% 以上。而且，扬州汽车制造企业的上游供应商中 70% 以上是本地企业。具体来讲：在动力系统上，扬州拥有生产发动机的潍柴扬柴、生产动力电池的航天锂电、生产燃料电池电堆的氢璞创能等；在车身系统上，扬州拥有延锋安道拓、江淮宏运、神舟内饰件等知名企业；在电子电器上，扬州拥有扬杰电子、罗思韦尔等一批新兴项目。

第二，配套完善，场景应用日益丰富。扬州着力推动各类配套基础设施建设，优化场景应用环境。在电动化方面，全市目前已经建成充电桩超5万根，城市公交电动化比例达90%；在氢能产业方面，建成两座加氢站，开通2条氢燃料电池公交示范线；在智能网联方面，扬州试点部署由路侧感知、路侧通信、边缘计算等单元构成的智能道路基础设施，着力打造"车路云一体化"的试点示范。

第三，平台集聚，创新活力不断激发。扬州全力推进科技创新工作，建成投入运营科技产业综合体30个，集聚企业近5000家，引进各类科技服务机构近300家。国汽轻量化（江苏）汽车技术有限公司落户在开发区，成功引进2个院士团队和4家企业落户，并建成轻量化检测中心；中汽中心工程院高邮院已建成燃料电池动力系统研发验证平台、汽车智能网联技术研发验证平台和汽车性能开发综合试验路，在华东地区是首个建成燃料电池动力系统研发验证平台的公司。扬州不断放大国汽轻量化研究院、中汽中心工程院高邮院和扬大碳中和技术创新中心等创新主体作用，推动各类汽车公共资源检测平台开放共享。

第四，特色发展，园区载体提质增效。扬州立足各地的产业基础，形成了仪征、江都、邗江和市开发区各具特色、集聚发展的良好局面。仪征汽车工业园是江苏省三大乘用车产业基地之一，建成了汽车电子产业园；江都汽车产业园集聚了九龙汽车、江淮轻型车、日清纺大陆等一批重点企业；邗江汽车产业园形成了以客车、专用车为特色的新能源专用车集聚区；市开发区聚焦特种专用车、氢能、轻量化等特色产品，聚力打造智能网联场景试点示范。

第五，区位优越，交通设施方便快捷。在公路方面，扬州城市内部快速路已联通成环；在铁路方面，从扬州乘高铁到南京、上海、北京分别仅需50分钟、100分钟和5小时；在航空方面，扬泰国际机场已开通50多个国内热点城市、14条国际（地区）航线；在水运方面，长江-12.5米深水航道全线贯通。一个由高速铁路、高速公路、高等级航道、国际航空四大主流交通方式构成的主轴清晰、齐头并进、十字形交汇的综合交通枢纽已经形成，为推动扬州经济高质

扬州 是个"好地方"

量发展提供了坚强支撑。

乘势而上，扬州汽车产业跃上新赛道

新能源汽车产业是抢占制造业价值链高端的必争之地。老赛道是红海，内卷严重。新赛道是蓝海，尚有良机。当前，汽车产业加快向电动化、智能化、网联化、轻量化升级转型，特别是新能源汽车产业正在迎来新一轮增长期、爆发期，为扬州汽车及零部件产业发展带来了新的重要机遇。扬州正发力奋进，从传统能源向新能源、从传统制造向智能制造转变，打造国内一流的"汽车名城"。

打造汽车之城，扬州决心坚定。扬州将汽车及零部件产业集群作为重点发展的6大集群之一，将新能源及智能网联产业链作为重点打造的13条产业链之一，实施创新强基、转型升级、招商强链、壮企强企、布局优化、治理创优六大行动，着力推动汽车产业向电动化、智能化、网联化转型发展；并且专门制定了市领导班子挂钩联系主导产业集群、市直部门挂钩联系新兴产业链制度，一名市领导和一个市直部门联系一个重点产业链，成立工作专班，聚焦"三招引""三服务""三督查"，实现全链式服务，助力产业发展。

打造汽车之城，扬州信心满满。扬州专门出台了一系列配套扶持政策，支持汽车产业发展。在营商环境上，探索推行施工图"自审承诺制"、重大工业项目"拿地即开工"、高频服务事项"扬城通办"等一系列改革举措，企业开办实现全市全域0.5天办结常态化，项目开工前审批时限压缩至5个工作日、全流程审批时长压缩至15个工作日。在金融支持上，构建了"3+5"基金体系〔"3"即三支百亿母基金，"5"即初创企业基金、成长企业基金、成熟企业基金、上市企业基金、县区（园区）基金五个基金群〕；在政策支持上，对作出巨大贡献的明星企业，对开展核心技术攻关、技术改造、智改数转成效明显的汽车企业，对获得国家级制造业创新中心、企业技术中心的汽车企业，对取得汽车生产资质、新能源汽车应用和新能源汽车零部件都配套的企业给予相应的奖励,等等。

打造汽车之城,扬州充满期待。今后一个时期,扬州将坚持整车升级和零部件专精特新"两条腿"走路,重点布局电动汽车、氢燃料电池、智能网联等新兴项目,不断完善核心配套,提升园区载体能力,在研发平台、配套设施、公共服务和后市场方面,不断推动汽车制造业与生产服务业融合发展,抢占未来汽车产业制高点。

前瞻布局燃料电池。1874年,法国科幻小说家凡尔纳在小说《神秘岛》中写道:"总有一天,水可以被电解为氢和氧,并用作燃料,而构成水的氢和氧……将会成为供暖和照明的无限能源。"如今,这一"无限能源"正在"照"进现实。氢能作为一种清洁能源,具有高效、无污染、可再生等优点,它是未来国家能源体系的重要组成部分,氢能产业是战略性新兴产业和未来产业的重点发展方向。扬州抢抓发展机遇,深刻认识到碳达峰、碳中和对产业结构调整提出的战略要求,把氢能产业作为重要的战略性新兴产业。2010年,扬州前瞻布局氢能产业,已形成覆盖制氢、储氢、零部件、整车和研发等主要环节的完整产业链,建成两座加氢站,2023年新开通市区和高邮2条氢燃料电池公交示范线,投入氢燃料电池公交车20辆。与此同时,扬州坚持创新引领,支持高校、科研院所及企业联合开展技术攻关和产品研发,推动更多科技成果在扬就地转化和产业化,补全补强氢能产业链条,加快形成新质生产力。

新能源汽车产业链初步形成。扬州紧跟电动化、智能化、网联化发展趋势,坚持整车升级和零部件专精特新"两条腿"走路,积极引育智能网联汽车产业,加快推动汽车产业转型升级,智能网联汽车实现特定区域的商业化应用,力争成为全国知名的汽车生产基地和智能网联汽车示范应用城市。扬州作为江苏省知名的汽车及零部件产业基地,目前有九龙汽车、亚星客车、亚星新能源等新能源汽车整车生产企业;银宝专用车、海沃机械、金威环保等新能源专用车生产企业;扬州亚普、李尔汽车、罗思韦尔等新能源三电系统零部件生产企业;

扬州是个"好地方"

燃料电池相关企业20余家。为了助力新能源汽车产业配套链的快速发展，扬州的布局规划从2010年就开始启动并有效实施。目前在燃料电池系统、双极板、电堆等领域已经有一批典型企业进入并且初具规模，产业链基本覆盖了从整车到配套、从研发到生产于一体，包括制氢储氢、电堆、燃料电池、整车研发和制造等主要环节在内的完整新能源汽车产业生态链。

积极推进智能网联。智能网联汽车产业是汽车、电子、信息通信、道路交通运输等行业深度融合的新型产业形态。智能网联汽车实现完全自动化（无人驾驶）要解决六大关键技术：环境感知、精准定位、决策与规划、控制与执行、高精地图与车联网7V2X（车、人、交通设备信息共享技术）、无人驾驶汽车测试与验证。汽车及零部件产业是扬州的六大主导产业集群之一。近年来，相关企业加快在智能网联汽车领域的创新探索，并取得一定成果。扬州现在有规上汽车电子企业40家左右，其中，泽景电子是国家HUD（乘用车抬头显示系统）标准起草组的核心成员；国宇电子研发成功车规级FRED芯片并获得比亚迪公司1200万颗芯片订单。

当前，我国正处于产业升级、结构转型的大调整时期，给了汽车产业一个重大的发展机遇，扬州汽车产业顺应技术和产业发展潮流，按照加快构建新发展格局的要求，补短板、强基础、锻长板。抓住机遇，提升扬州汽车产业的竞争力，使扬州的经济发展越来越有活力。

筑梦"汽车之城"是产业科创名城扬州的深厚情结，是美丽扬州建设的硬核支撑，是促进扬州经济转型发展和产业结构变革的关键之举，也是事关扬州长远和全局的重大发展战略。努力发展好汽车及零部件产业，重振扬州汽车产业的辉煌，为建设"好地方"扬州添砖加瓦，也为实现新型工业化、构建新发展格局发挥重要支撑作用，支撑扬州打造长三角有影响力和竞争力的先进制造业基地、产业科技创新高地。

"三化"改造，传统产业赋新能

2023年7月，习近平总书记在江苏考察时强调，要把坚守实体经济、构建现代化产业体系作为强省之要，巩固传统产业领先地位，加快打造具有国际竞争力的战略性新兴产业集群，推动数字经济与先进制造业、现代服务业深度融合，全面提升产业基础高级化和产业链现代化水平，加快构建以先进制造业为骨干的现代化产业体系。传统产业是"基本盘、老家底"。改革开放以来，我国经济快速发展，传统产业功不可没。传统产业占我国规模以上工业增加值的80%，是工业经济的主体，传统产业的发展和创新是推动整个制造业持续发展和提升竞争力的重要因素。进入新时代，我国经济已由高速增长阶段转向高质量发展阶段。从传统产业来看，伴随着要素成本上升、资源环境压力加大、产能持续过剩以及后发国家工业化和发达国家再工业化的双重挤压，过去依靠要素驱动和依赖低成本竞争的增长模式越来越难以为继，迫切需要转型发展。

制造业是城市经济的支柱。过去一段时间，扬州制造业发展水平曾长时期处于全国前列。20世纪七八十年代，扬州工业主要以轻工业为主；从80年代中后期开始，逐步呈现以耐用消费品、装备制造为主的重工业化加速成长趋势；到了90年代，逐步形成了汽车、造船、柴油机、集装箱、空调器、化工、服装及其他特色产业"八龙齐舞"的盛况，70多个产品成为全国"单打冠军"，造就了产业发展的"扬州现象"。进入21世纪以来，扬州产业发展逐步转向知识

扬州 是个"好地方"

技术密集型和现代服务业。如今提出优化布局"613"产业体系，推动高端装备产业入围中国百强产业集群。

扬州传统产业转型升级的路径是什么？可以从杭集镇牙刷产业的发展窥见一二。

杭集镇地处长三角腹地，位于扬州生态科技新城东郊，管辖面积38平方公里，户籍人口约3.6万人，常住人口约7万人。自20世纪80年代起，杭集镇从手工作坊起步，形成了全国第一个牙刷市场；2001年7月，杭集镇被确定为扬州"一区四园"之一；2018年9月，正式获批省级高新技术产业开发区，同年列入《中国开发区审核公告目录》，实行区政合一管理体制。杭集镇先后获得中国牙刷之都、中国酒店日用品之都、国家外贸转型升级示范基地（扬州护理用品）、国家消费品标准化试点区域、全国特色小城镇等国家级荣誉称号。近年

杭集镇航拍图（杭集镇政府供图）

来，杭集镇重点发展高端日化（口腔护理）产业，是目前全球最大的牙刷生产基地和酒店日用品生产出口基地，同时也是国内最大的高端口腔护理用品、绿色洗护用品产业集聚区。

小牙刷演变成大产业，杭集不仅从个体手工业发展为乡镇工业园再转型省级高新区，更是用实践探索出一条传统产业转型升级之路。

以高端化发展提升高附加值

关于杭集这个小镇是如何与牙刷结缘的，可以在镇上的中国牙刷博物馆找到答案。

在古代，牙刷是用牛骨和马尾毛制成，价格昂贵，主要在达官贵人间流行。清道光年间，一个名叫刘万兴的杭集农民改用猪鬃制作牙刷，不仅极大地降低了成本，还能更好地清洁牙齿。随着刘万兴的后代和弟子在上海、苏州、浙江等地办厂，杭集牙刷开始在全国流行。发展至今，杭集集聚了高露洁、三笑集团、倍加洁集团、两面针等大型龙头企业，牙刷产业年生产牙刷75亿支，出口80多个国家和地区，国内市场占有率80%以上，国际市场占有率35%以上，占我国牙刷出口总量的90%。

起初，杭集镇在发展中形成了近4000家牙刷企业，但发展之初，大众熟悉的品牌并不多，造成这一局面的原因是低端化发展。"代工"曾经是杭集镇牙刷企业的一个标签。20世纪80年代，杭集镇牙刷厂如雨后春笋般，发展很快，几乎每家每户都经营牙刷产业。只要买台注胶机、注塑机就可以生产了，低端化、同质化现象比较突出。发展到现在，产品同质化、单纯依靠低成本优势高速增长的时期已经成为过去。杭集牙刷产业必须实现转型发展。

在市场竞争激烈的发展环境下，杭集牙刷产业逐步走出了一条以高端化发展提升产品的高附加值的道路。

扬州 是个"好地方"

一是积极创新，提升价值链。为适应牙刷市场个性化、定制化、多元化需求，杭集镇牙刷企业不断加大科技创新、设计创新力度，取得了创新性发展。例如，在我国极地科考船"雪龙号"上，科考队员用的牙刷就是杭集定制的。之所以要定制，就在于相比普通牙刷，科考队员用的牙刷刷丝更细更密，直径只有0.1毫米，这样可以避免科考队员在极地低温环境下因牙龈脆弱而引发牙龈出血，而且聚乳酸材料制作的刷柄能在几个月内实现生物降解，降低科考活动对极地生态环境的影响。杭集朵爱酒店用品有限公司还针对不同的目标客户研发高端产品，高端产品线与扬州老字号"谢馥春"合作加入非遗元素，深得市场好评。同时，杭集镇还在积极组织各方科技力量进行技术开发，他们依托国家洗漱用品质量监督检测中心、江苏省牙刷行业协会、扬州口腔护理用品研究院、扬州日化产业技术创新战略联盟、扬州杭集创意设计园等平台载体，为牙刷企业推进新技术、新材料、新产品的研发检测和智能制造提供技术支撑。

二是依托主业，深耕产业链。为了开辟更广阔的市场，杭集人早就将目光转向了以牙刷、牙膏、梳子、香皂、拖鞋、沐浴露、洗发液、护肤霜为主打产品的酒店日用品。依托主业，又在此基础上衍生出产品设计、模具制作、生产、销售、印刷、包装、物流等完整的酒店日用品产业链。目前，杭集酒店日用品国内市场占有率65%以上、国际市场占有率30%以上。为摆脱低价"内卷"现象，如今杭集镇又以传统产业为基础，向全口腔护理用品、高端洗护用品、高档酒店日用品等新的特色领域延伸，在用好"老底子"的同时，培育产业"新支撑"。为解决牙刷在口腔护理市场的占比份额有限的问题，一站式的口腔护理产品解决方案综合提供商应运而生，如以代工为主的倍加洁集团，除了生产牙刷外，该集团也开始做牙线、齿间刷、漱口水、冲牙器、口腔喷雾剂、婴儿口腔清洁纸巾等，产品涵盖口腔健康诸多方面。与此同时，倍加洁集团仍然没有放弃给众多知名品牌代工。之所以要这样做，在集团看来，转型并不都是去旧革新，当前，牙刷已然成为杭集的特色产业，拥有极其完善的产业链，恰恰是转型发展的稳固根基,强者恒强。只有厚植牙刷"小圈子",才能更好地进军更大的日化品领域。

以智能化改造助力提质增效

"国货之光"三笑牙刷,最早由杭集镇农民韩国平创办。1989年,在外闯荡多年的韩国平响应家乡号召,承包了村里一家资不抵债的小厂,创办了扬州大桥牙刷厂。由于经营灵活,建厂第一年,销售额便达到100万元。经过了几年发展,到1995年,三笑集团正式成立。截至1998年,三笑集团实现超10亿元销售额,创造了"10年产值翻10番"的佳绩,集团巅峰时其产品占到国内市场份额的一半以上。

三笑牙刷厂为何能实现飞速发展?除了政府在政策、资金、人力方面给予了持续扶持外,韩国平在总结中提到两个关键点。一是技术优势。1992年,三笑牙刷厂首次引入德国设备制作牙刷,这在全国属于第一个;1996—1997年,仅引进设备的花费就高达2亿多元,与此同时,又吸引了大量人才聚集。二是渠道优势。当时正处于经济转轨期,销售渠道主要靠一些百货公司。面对这一情形,三笑集团另辟蹊径,转向浙江义乌、山东临沂等地的小商品市场,不断缩短产品流转周期,进一步盘活了市场。

时至今日,面对市场竞争,小小牙刷产品也需要提质增效。杭集镇牙刷产业发展不断适应市场需求,进一步激发企业发展新动能,以智能化改造助力牙刷产品提质增效。

一是智改数转,老牌企业新活力。随着口腔护理赛道的迅猛发展,众多国内外品牌涌现使得竞争日益激烈,新产品、新技术、新理念层出不穷,牙刷企业的传统生产模式受到强烈冲击。加之空间缺乏、设施老旧等"瓶颈"进一步制约了企业的发展。基于此,杭集牙刷企业开始了智能化改造与数字化转型。

例如，在如今的扬州民生刷业日化有限公司车间，人们会发现，注塑机器人、植毛机器人、磨毛机器人等在不知疲倦地工作，这一景象改变了过去每条生产线需要30个工人集体作业的状况，现在整个注塑车间只需要3个工人。又如，新长城塑业有限公司智能化生产线投入使用后，不仅节省了大量成本，提高了生产效率和生产稳定性，而且进一步减少了安全隐患，产品还跳出了单一的酒店用品软管品类，拓展至日用品、食品、家居工业品等领域，年销售额实现了两年连续翻番。三笑集团自主研发了"注塑云"系统，对生产过程进行远程指挥，从车间屏幕不断刷新订单、派工单等信息，到一排排自动化机器人繁忙作业，牙刷上料、入模、取板整个过程一气呵成。通过智改数转，三笑集团节省了80%的人力，生产效率提高25%～30%，正品率提高3%～5%，产品纯利润增加了2%。2023年，三笑集团投资10亿元建设了一座12万平方米的绿色智能工厂，所有生产、存储、搬运、检测环节无需人工操作，最终达到"黑灯工厂"的目标，现已竣工投产。

二是线上线下，拥抱电商大蓝海。杭集镇建有华东地区最大的锦都国际酒店用品城，聚集了280多家商贸公司，其中经营牙刷产品的公司约有190家。该酒店用品城已成为全国牙刷产业的交易中心、信息中心、体验中心和设计中心。随着智能手机的快速普及，网络的不断提速，"线上线下"双线联动的销售渠道已经成为杭集新"风尚"。来自快递包裹的数据显示：目前中国邮政杭集支局平均日发货5万

三笑集团新落成的绿色智能工厂（杭集镇政府供图）

至6万件，在"双11"期间，单日发货量可超过10万件。为此，杭集支局特意把快递分装发货现场租赁仓库免费提供给派单规模较大的企业，并设置5条固定快递收取线路，方便沿线商户及时发货。在电子商务领域，杭集企业很早就开始尝试线上销售，10年前，杭集曙光牙刷厂就敏锐地发现，线下销售开始下滑，而线上销售不断上升。对此，该企业于2013年开始筹备线上销售。从单一的平台到国内外多平台，从2014年"双11"的1000多个订单，到如今上千万元的销售额，曙光牙刷厂实实在在感受到流量带来的红利。据统计，目前杭集85%的企业都成立了专门的电商部门。同时，杭集牙刷产业的销售线正在世界地图上延伸。近年来，由江苏省贸促会、扬州市贸促会和扬州市生态科技新城联合主办的"江苏—中东酒店用品线上对接会"，每年促成近百家扬州酒店用品展商与中东境外采购商在线洽谈，实现外贸出口的持续增长。为进一步助力杭集牙刷、酒店用品、高端日化、大健康等百亿产业集群组团"上云"，杭集镇与共道网络科技公司合作打造了占地近5000平方米的中国·杭集电子商务产业园。该项目把跨境电商作为重要抓手，将海外销售与本地产业链深度结合，进一步整合杭集口腔护理用品优势供应链产品，打通天猫、淘工厂、直播等主流线上渠道，全面拓宽本土企业销售市场，推动消费场景创新与传统产业升级。

以绿色化转型开辟新兴赛道

杭集镇牙刷产业化之路得益于人们生活水平提高，以及生活观念转变后的旺盛需求。随着绿色生产生活方式不断深入人心，绿色循环低碳发展成为当今时代科技革命和产业变革的方向，也是最有前途的发展领域之一。

面对新的产业发展形势，杭集产业如何寻找新的发展机遇呢？

一是积极应变，展现转型魄力。近年来，随着园区的发展，增量土地减少、

扬州 是个"好地方"

用地成本攀升成为制约产业发展的现实难题。为此,杭集镇创新发展思路,用"腾笼换鸟""工业上楼"等方式挖掘存量用地潜能,服务企业发展。"三笑"绿色智能工厂项目就是利用企业现有土地进行更新改造,变单层厂房为多层高标准厂房,实现由"夹心地""零散地"到整合供地。通过土地整合,为园区挖掘用地潜力开创了新模式。缓解本地企业对发展用地需求,建设中杭日化产业园,项目着力服务高端日化企业,构建以研发、孵化、制造为一体的高端日化社区,为本地企业提供"拎包入住"式服务。为推进垃圾减量、保护环境,多地出台生活垃圾管理条例,要求减少使用一次性用品,提倡使用可循环使用的易耗品。比如,2019 年 7 月 1 日起施行的《上海生活垃圾管理条例》规定,"旅馆经营单位不得主动向消费者提供客房一次性日用品",同时明确一次性物品"应当有利于保护环境"。为适应产业绿色发展要求,杭集镇牙刷企业研发推出可拆卸刷头的一次性牙刷。牙刷使用后,食品级的塑料刷柄可回收用于制作塑料板凳、垃圾桶等,充分发挥了促进分类回收和循环利用、减少环境污染和资源浪费的大作用。

二是主动求变,彰显绿色担当。美好环境是人类的共同向往和追求。杭集镇曙光牙刷厂与纳米级技术及应用国家工程研究中心合作,历经 10 个月研发出一款环保牙刷。这款用甘蔗炼糖剩余的秸秆料制作成的牙刷柄,可实现 100% 降解,成功进入德国、瑞典等国家的牙科诊所。为此,这家拥有 40 多年历史的老厂成功克服新冠疫情带来的不利影响,开辟出差异化发展新路径。两面针(江苏)实业有限公司研发的竹柄牙刷,刷毛采用蓖麻油提取的物质生产,比传统的尼龙刷毛更加细密柔软;刷柄挑选生长期合适的竹子,更具韧性。以竹代塑的材质更新,使这支牙刷敲开了阿联酋多家高端酒店的"大门"。为实现向更轻更绿产业结构转型,如今杭集镇已不再局限于一个只生产牙刷的传统制造业小镇,围绕数字经济和"两主两特"产业,杭集牙刷企业主动求变,靶向招引产业链头部企业、领军企业和关键配套企业,同时聚合高端产业进一步形成新的集群效应。国家电网智慧能源双创科技园产业化示范基地的落地，吸引了一批高新、高智、高质的电力相关企业入驻。以西谷航测检测技术服务有限公司为首的一批航空配套企业在杭集茁壮成长，江苏省产业技术研究院、扬州大学化工学院、上海产业技术研究院等一批高校院所纷纷与企业、园区建立了深度合作关系。

党的二十大报告指出："实施产业基础再造工程和重大技术装备攻关工程，支持专精特新企业发展，推动制造业高端化、智能化、绿色化发展。"推动制造业高端化、智能化、绿色化发展，是实现中国式现代化的有力支撑，杭集镇牙刷产业的发展之路，探索出符合本地实际的传统产业转型升级之路。牙刷产业发展立足当地企业实际，在充分认清发展形势和发展条件的前提下，规划出台产业转型升级政策意见。为推动传统产业转型升级，牙刷企业注重加快科技成果转化，提升传统产业转型升级的技术支撑能力。为适应数字化时代的市场需求，牙刷产品与新技术、新模式、新业态深度融合，全面提升传统产业效能，推动传统产业实现清洁生产、节能降耗、循环利用，降低传统产业对资源和环境的依赖及影响。

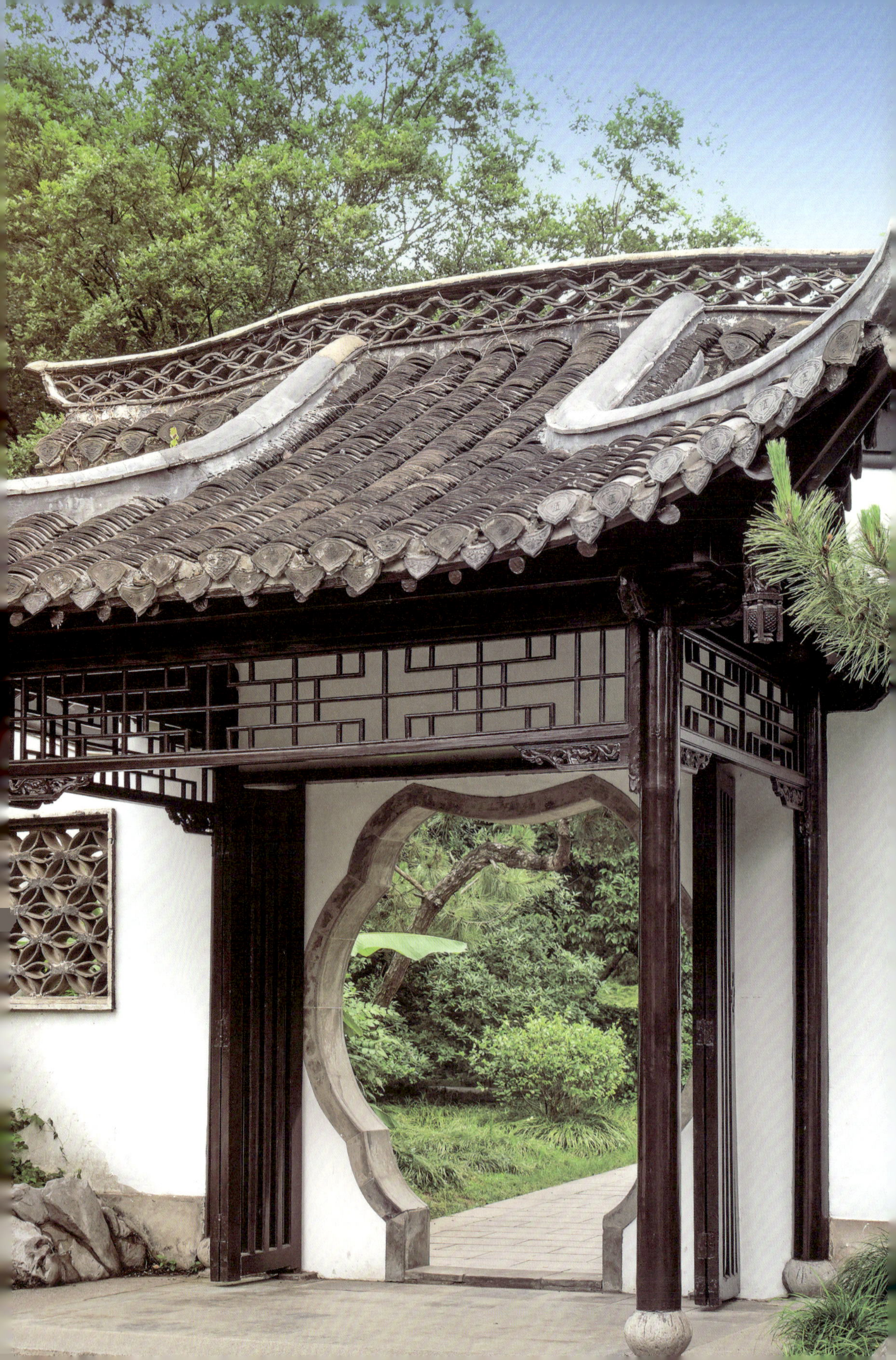

3

绿色发展、美丽宜居的"好地方"

绿色发展是现代化的必然选择，美丽宜居是"好地方"的显著特色。近年来，扬州市委市政府坚定不移走生态优先、绿色发展道路，协同推进长江大保护和江淮生态大走廊建设，一体推进美丽宜居城市和美丽田园乡村建设，统筹推进生产方式转型和生活方式转变，努力建设人与自然和谐共生的现代化。面对长江经济带、大运河文化带、南水北调东线工程、淮河生态经济区等重大战略交汇叠加的时代重任、重大命题，扬州坚决扛起"在服从服务国家战略中争当示范"的使命。随着"263"专项整治行动、污染防治攻坚战、"永久性绿地保护"制度等一系列铁腕政策和硬核举措的实施，环境质量明显改善。扬州是大运河原点城市，也是大运河申遗和保护牵头城市。作为"中国运河第一城"，在共同保护好大运河、建设大运河文化带上不仅责无旁贷，更要"争当表率、争做示范、走在前列"。关闭搬迁落后化工企业近500家，完成大运河沿线153家砂石码头（泊位）、小船厂和混凝土搅拌站规范整治，实施宝应湖、高邮湖、邵伯湖沿岸3公里内"三退三还"，还湖12万亩，建成总面积近130平方公里的10个大规模生态中心。率先建设京杭运河绿色现代航运示范区，通过地方立法将责任体系和监管方式予以细化、明确。

扬州 是个"好地方"

"源头"守护,只为那一江清水徐徐北送

2013年11月15日,南水北调东线一期工程正式通水时,习近平总书记指示强调,南水北调工程是事关国计民生的战略性基础设施……确保工程运行平稳、水质稳定达标。2020年11月13日,习近平总书记来到江都水利枢纽,了解南水北调东线工程和江都水利枢纽建设运行情况,并对继续推动南水北调东线工程建设作出重要指示,他指出,"南水北调,我很关心。这是国之大事、世纪工程、民心工程,同三峡工程是等量齐观的"。

扬州,作为长江经济带的重要节点城市、中国大运河原点城市和南水北调东线工程源头城市,拥有省管湖泊5个,中小型水库64座,省骨干河道49条,县乡河道2300多条,村庄河塘3.7万余条(面),水域面积1832平方公里,约占全市土地总面积的28%。其中,64%的地域为淮河流域,36%的地域为长江流域。同时拥有长江与京杭大运河、长江与淮河两个"交汇点",是江苏省横跨淮河与长江两大流域的水生态、水环境、水景观、水文化体系完整的城市。境内有长江岸线80多公里、大运河140多公里,连同沿运河的宝应湖、高邮湖、邵伯湖,形成了一纵一横两条生态廊道,"一纵"就是江淮生态大走廊。

一直以来,扬州以高度的政治自觉和生态自觉,始终牢记保护南水北调东线源头水质神圣使命,以清水通道为主轴,以淮河流域湖泊、河道、湿地为依托,创造性规划建设江淮生态大走廊,坚持治污、防污、监管、涵养多管齐下,

投入近300亿元用于水源保护治理和水生态涵养，关停转移化工企业300多家，建立最严格水资源管理考核制度，出台《扬州市南水北调水域船舶污染防治办法》，输水干线水质稳定达到Ⅱ类－Ⅲ类标准，优于北送标准。近年来，扬州坚定不移走"生态优先、绿色发展"之路，绘好生态廊道蓝图，守护"一江清水向北流"。

先觉先行，为生态廊道谋篇

作为缓解我国北方水资源严重短缺局面的重大战略性基础设施，南水北调东线工程，从扬州江都水利枢纽引长江水，利用京杭大运河及与其平行河道，经13座泵站逐级提水，由南向北相继连通洪泽湖、骆马湖、南四湖、东平湖，出东平湖后分两路输水：一路向北，在位山附近经隧洞穿过黄河；另一路向东，通过胶东地区输水干线经济南输水到烟台、威海。主干线全长1467公里，通水10年来，累计抽引江水400多亿立方米，其中调入山东省水量61.4亿立方米，惠及沿线42座大中城市280多个县市区，受益人口超6800万人，业已成为优化水资源配置、保障群众饮水安全、复苏河湖生态环境、畅通南北经济循环的生命线。目前，南水已占北京城区供水的75%、天津城区供水的99%。南水北调东线一期工程初步构筑了东部国家水网主骨架、大动脉。10年来，工程受水区内城市的生活和工业供水保证率已从不足80%提高到97%以上。提级北上的"南水"，已成为我国东部保障供水安全、改善河湖生态、促进经济循环的"生命源泉"。

南水北调，成败在水质。而水质的好坏，关键看源头。向京津冀鲁地区亿万人口输送安全饮用水的命脉走廊如何实现长治久安？如何确保"一江清水永向北流"？紧扣这一重要课题，扬州把江淮生态大走廊建设作为打造"美丽中国的扬州样板"的先手棋，着眼于板块联动、整体保护，不等不靠，制订计划，

扬州 是个"好地方"

一年一年持之以恒加以推进。

江淮生态大走廊涉及扬州广陵、邗江、江都、高邮、宝应5个县（市、区）42个乡镇，覆盖面积约为1800平方公里。总体布局为"一带一廊"，"一带"为沿京杭大运河、高水河、芒稻河、廖家沟、夹江及周边湖泊水系、湿地形成的生态带；"一廊"为沿潼河、三阳河、新通扬运河、夹江形成的清水走廊。主要功能分区为"五大板块、七大亮点"，"五大板块"即宝应湖自然保护区、高邮湖国家重要湿地、邵伯湖重要湿地、"七河八岛"区域、长江风光带；"七大亮点"为宝应湖国家湿地公园、界首芦苇荡湿地公园、清水潭生态中心、"七河八岛"生态中心（凤凰岛国家湿地公园）、江都"三河六岸"景观带、广陵夹江生态中心及夹江漫步生态廊道、三湾湿地生态中心。

从2013年起，扬州就以保护南水北调东线和淮河入江"清水通道"为重点，将占市域面积近三成的区域纳入规划，迈出了江淮生态大走廊建设的第一步。2014年12月，扬州市委六届八次全会提出"江淮生态大走廊"概念。2015年1月，扬州市委七届四次会议将"江淮生态大走廊建设"写入政府工作报告；同年8月，编制《江淮生态大走廊（扬州）规划》，印发《扬州市江淮生态大走廊建设行动方案》；同年12月，"江淮生态大走廊"列入《中共扬州市委关于制定扬州市国民经济和社会发展第十三个五年规划的建议》。2016年，扬州市第七次党代会把"规划建设江淮生态大走廊并争取进入省级和国家规划"列为扬州此后5年关系全局、影响长远的10件大事之一。

2016年11月，"在南水北调沿线高起点规划建设江淮生态大走廊，以此为主轴构筑起江淮大地的生态安全屏障"明确写入江苏省第十三次党代会报告。至此，规划建设江淮生态大走廊正式上升为省级重大战略并被列入江苏"十三五"省级战略。2017年2月6日，在江苏省第十二届人大五次会议上，"高起点规划建设江淮生态大走廊"被列入省政府工作报告，并写入《长江经济带生态环境保护规划》和《淮河生态经济带发展规划》。2018年3月，江苏省委

3 / 绿色发展、美丽宜居的"好地方"

万福大桥（生态科技新城供图）

领导在调研扬州时指出，扬州在江淮生态经济区建设中地位重要，要系统谋划好生态大走廊规划建设，特别是要做好水的大文章、生态的大文章。2021年，江苏省第十四次党代会报告中指出，要深入推进江淮生态大走廊建设，更好地服务南水北调全国大局。

污染治理，为生态廊道减负

依托南水北调东线工程规划建设的江淮生态大走廊，是江苏省南水北调的主干线，涵盖了扬州南水北调全部水道，与微山湖、骆马湖、洪泽湖、白马湖

扬州 是个"好地方"

等纵贯相连，湖泊链面积占全国淡水湖面积 15% 左右；既是水韵江苏的重要组成部分，也是东亚候鸟的迁徙通道。其中，淮河入江口区域是"长江三鲜"（鲖鱼、鲥鱼和刀鱼）的主产区，夹江入江口是国家一级保护动物江豚的自然栖息地。

一是坚持立法先行、依法推动。2011 年，随着部分行政区划调整和江都撤市建区，原本处于城区东北角、被称为扬州"绿肺""绿肾"和后花园的"七河八岛"进入了城市中心区域。《扬州市城市总体规划（2010—2020）》明确，市域生态中心形成"一主三副"空间结构，而"一主"正是"七河八岛"城市生态中心。"七河八岛"所处的江广融合地带，如何在建设的同时更好地保护原有生态，显得极为重要。在"七河八岛"规划论证之前，扬州不仅设定了控制水体和生态廊道宽度、控制建筑高度、控制开发强度、控制污染排放和禁止新增违章建设"四控一禁"的铁律，还编制了《"七河八岛"地区空间管制规划》。2013 年 7 月 30 日，扬州市七届人大常委会第八次会议通过《关于切实加强"七河八岛"区域生态环境保护的决议》，对"四控一禁"予以固化，并按照"生态功能极重要、生态环境极敏感、需要实施最严格管控"的要求，明确 5 年内不进行土地出让，不开发房地产项目。据统计，禁止商业开发的生态"留白区"占到了区域总面积的近 60%。2017 年以来，又先后出台《扬州市河道管理条例》《扬州市公园条例》《扬州市生活垃圾管理条例》等地方性法规，施行《扬州市扬尘污染防治管理暂行办法》《大运河扬州段世界文化遗产保护办法》《扬州市南水北调水域船舶污染防治办法》《扬州市渔业资源保护管理办法》等政府规章。此外，市人大常委会每年对"七河八岛"区域生态环境保护、水环境保护、大气污染防治等决议执行情况开展督查、质询和问题督办。市政协制定《长期性常态化推动江淮生态大走廊建设工作方案》，开展专题调研、民主评议、主席会议成员视察等活动。

二是推动机制创新、政策优化。2014 年，市政府常务会议审议通过了《扬

3 / 绿色发展、美丽宜居的"好地方"

州市区生态补偿转移支付办法》，对因承担生态环境保护责任而使经济发展受到一定影响的区域内的有关组织给予补偿，对市级重点生态功能区给予引导性补助。2022年，扬州财政局会同市生态环境局制定出台了《扬州市区生态空间管控区域等重点生态功能区生态补偿转移支付办法》《扬州市区生态保护红线和生态空间管控区域监督管理评估考核细则》等生态补偿政策，为实行最严格的生态空间管控制度，进一步探索优化生态补偿政策，加大财政转移支付力度，加大对生态保护成效突出的地方、单位和个人补偿力度，持续改善生态环境质量，维护生态安全提供了制度保障。

三是实施铁腕整治、"清废""清企"。三江营位于长江、夹江和太平江交汇处，江面宽阔，水流湍急，不仅是淮河入江核心区，更是南水北调东线工程源头。南水北调工程东线源头自长江扬州段三江营取水口开始，沿夹江、芒稻河直至江都引江水利枢纽，涵盖夹江以北、芒稻河以东约20平方公里范围。扬

位于扬州生态科技新城的"七河八岛"（生态科技新城供图）

扬州 是个"好地方"

坚持有所为、有所不为，坚决遏制"两高"（高耗能、高排放）项目盲目发展，积极推进能耗（能源消耗总量和强度）"双控"，全力保障南水北调东线源头"清水北上"和淮河入江水道"清水南下"。以江苏省"263"环保专项行动（即"两减六治三提升"：减少煤炭消费总量和减少落后化工产能，治理水环境、生活垃圾、黑臭水体、畜禽养殖污染、挥发性有机物污染和环境隐患，提升生态保护水平、提升环境经济政策调控水平、提升环境监管执法水平）为抓手，将治理小化工、生活垃圾等工作作为必须打赢的硬仗，对全市化工企业进行拉网式排查，编制"关停一批、搬迁一批、升级一批、重组一批"目录清单，2016年以来，共整治"散乱污"企业1828家，将86.7公里沿江岸线的82.4%划为岸线保护区和控制利用区，将全市唯一的化工园区从22.6平方公里调减至9.3平方

万福闸（生态科技新城供图）

公里，全面关停敏感水体周边1公里范围内化工企业。2017年以来，关闭搬迁落后化工生产企业462家，其中90%以上位于江淮生态大走廊区域；压减钢铁产能88万吨，退出铅酸电池产能300万千伏安时，淘汰铸造产能9万吨。关闭和搬迁了39家船厂和码头、退出船舶产能290万载重吨，整治了48公里岸线，恢复了1000多亩滨水生态空间，完成了10平方公里区域环境综合整治，建设了500万平方米生态体育休闲公园。2017年7月18日，顺利通过国家水生态文明城市建设试点验收。"十三五"期间，整合打包的污水处理项目，包括管网建设项目共14个。

四是紧攻清水活水、综合施策。扬州依水而兴，城市黑臭河问题反映在水上，根子在岸上。要弥补这些欠账，重点是做好一"疏"一"清"，即疏通河道、清理污染。这同生态大走廊建设极大重合。由于扬州城区北高南低，历史原因造成不少河道水系断头，解决的最佳途径就是沟通水系、引入活水。近年来，扬州坚持"治城先治水"，按照"外防、内排、治淮、活水"八字方针，对城区河道实施根本性的综合整治，规划"主城区水系连通"工程，将83条河道勾连贯通，构建东水西引南排的城市水系连通框架，实现了主城区100平方公里活水循环。2014年9月22日，市政府组织召开水生态文明城市创建暨"清水活水"工程推进会，印发《扬州市城市"清水活水"综合整治三年行动方案》，提出利用3年时间，通过实施扬州闸拆迁，黄金坝闸站扩建、平山堂闸站新建等系列工程，抽引高邮湖、邵伯湖湖水，经古运河，把城区西北部、瘦西湖、新城河、沙施河、七里河五大水系全部沟通连活。2015年9月，建城2500周年之际，九闸同开，实现了主城全长140公里的35条河流的活水全覆盖。坚持"一河（湖）一策"，按照"清淤黑臭河道，加强控污截污，畅通水网水系"要求，分阶段整治沙施河、七里河等30多条城市河道，对城区8条黑臭河道进行全面整治，对6条河道进行清淤疏浚整治，2020年底前全面消除建成区黑臭水体，所有入江、入湖支流消除劣Ⅴ类水质。先后疏浚整治2300多条县乡河道、

3.2万条（面）村庄河塘，实现全市农村河道清淤疏浚全覆盖。全面建立市、县、乡、村四级河长体系，共有各级河长3553名，其中市级12名、县级98名、乡级958名、村级2485名；有河道保洁人员近1万名，社会化率超九成。2017年，全市饮用水源水质达标率保持100%；2021年建成示范性幸福河湖17条，省考以上断面水质优良比例达93.6%。

破旧立新，为生态廊道助力

一是扎实推进环境基础设施建设。2017年，将淮河入江口和南水北调东线源头地区约100平方公里作为江淮生态大走廊先导区进行建设，实施了江都水利枢纽环境综合整治、"七河八岛"生态中心、廖家沟饮用水水源地保护工程等一批工程，拆除船厂52家、砂石厂37家，累计拆迁违约建筑200万平方米。完成淮河入江水道切滩整治工程，实施300个重点减排工程和59个流域水污染防治项目，关停小化工小电镀企业102家。围绕扬州段制定"一带一廊"总体布局，用四五年时间，集中实施产业转型升级、清水活水、良好湖泊保护、公园体系和生态中心建设、生态廊道和生态安全屏障建设、农村环境综合整治、环境基础设施建设和监管能力提升八大工程共68个项目。通过建设雨水污染削减装置、曝气装置、生物浮岛等，增强水体自净能力，保障城市河网清水畅流。2019年11月，印发《扬州市城镇生活污水处理提质增效三年行动实施方案（2019—2021年）》，开展城镇污水处理提质增效"333"（即"三消除、三整治、三提升"：消除城市黑臭水体、消除污水直排口、消除污水管网空白区；整治工业企业排水、整治"小散乱"排水、整治阳台和单位庭院排水；提升城镇污水处理综合能力、提升新建污水管网质量管控水平、提升污水管网检测修复和养护管理水平）攻坚行动，加快补齐城镇生活污水收集处理设施短板。2020年，出台攻坚行动实施方案，明确到2025年底，县级以上城市建成区重要水体水质明显提升，达到水清岸绿目标；县级以上城市建成区 60% 以上面积建成"污水提质增效达标区"，基本实现污水管网全覆盖、全收集、全处理，实现污水不入河、外水不进管、进厂高浓度、减排高效能，全面构建源头管控到位、厂网衔接配套、管网养护精细、污水处理优质、污泥处置安全的城镇污水收集处理新格局。把污水收集处理作为生态环境保护的重要抓手，2017 年，全市城市污水处理厂全面完成一级 A 提标改造，实现居民生活污水和工业集中区污水全收集、全处理；2022 年，全市污水处理量约 45 万吨 / 天，而污水处理能力已达 54 万吨 / 天，所有污水经过有效处理，可达一级 A 的排放标准。江苏省城市黑臭水体整治工作联席会议办公室公布的《2022 年全省城市建成区黑臭水体排查治理有关情况》显示，2022 年度扬州黑臭水体整体趋好，主城区水体未出现返黑返臭情况，市区建成区内达标水体比例为 98.6%，在全省设区市中排名第一。

二是积极发展绿色经济。深入贯彻习近平生态文明思想，牢固树立和践行"绿水青山就是金山银山"理念，依托江淮生态大走廊，"有烟囱的不要，有噪声的不要，特耗能的不要，拼劳力的不要"，坚持把产业科创名城建设作为"争创第四次辉煌"主航道，创新发展思路、优化产业结构，集聚战略性新兴产业规模以上企业 1498 家、高新技术企业 1281 家、专精特新企业 269 家。2023 年 9 月，出台《加快建设制造强市行动方案》《扬州市六大主导产业集群高质量发展实施方案（2023—2025 年）》，聚力"613"现代产业体系打造，重点培育高端装备产业、汽车及零部件产业、新材料产业、新能源产业、新一代信息技术产业和生命健康产业 6 大主导产业集群，重点发展航空、工业母机及机器人、高技术船舶与海工装备、智能电网等 13 条新兴产业链。2022 年，先进制造业集群规上开票销售达 4800 亿元，全年规上工业增加值同比增长 8.7%，在江苏省各城市中列第三位；工业投资同比增长 25.2%，居江苏省各城市第一位。在工业和信息化部 2022 年先进制造业百强市榜单中，城市创新生态指数跻身长三角地区城市前 10 强。与此同时，建成大运河文化公园三湾核心展示区，创成"世界运河之都""世界美食之都""东亚文化之都",19个园区入选全国农业创业创新园区目录,扬州(高邮)国家农业科技园以同批次全国第一的优异成绩通过验收,宝应县创成"全国渔业健康养殖示范县",高邮市获评"中国大闸蟹生态养殖示范市"。

三是打好长江保护修复攻坚战。将长江沿线纵深 1 公里范围内 3.86 万亩土地作为限制和禁止建设区,划定三江营饮用水源地保护区、长江朴席重要湿地等 10 个生态红线区域,沿江开发区生态工业园创建率、小城镇污水集中处理率、水源地有效保护率实现三个 100%。出台《中共扬州市委、扬州市人民政府关于贯彻长江经济带发展战略的实施意见》,退让生产岸线 6.3 公里,关闭搬迁禁养区内畜禽养殖场 844 家;出台《关于扬州市长江岸线资源开发利用和管理的意见》,开展长江岸线保护与开发利用专项整治,拆除 20 多处沿江非法码头,并组织推进非法码头后方场地清理、复垦复绿和生态恢复工作,共复绿 152 万平方米;推进实施《江苏省长江经济带沿江取水口排污口和应急水源布局规划实施方案》,清理整治不符合饮用水源地保护要求的项目 6 个,确保饮用水安全。据水利部反馈,长江扬州段生态型岸线长度达 40.2 公里,生态岸线占比增至 56.6%。主要河湖水质持续改善并保持稳定,水域面积逐年上升,自然湿地保护率达 51.2%。

生态修复,为生态廊道增绿

一是坚持规划引领。2003 年,经国家环保总局批准,扬州正式建立南水北调东线工程国家级生态功能保护区。围绕江淮生态大走廊建设,委托江苏省环境科学研究院编制了《江淮生态大走廊规划专章》,精心编制《南水北调东线水源地生态功能保护区规划》《扬州市江淮生态大走廊林业建设规划(2018—2035)》《扬州市长江沿岸造林绿化总体规划(2019—2035)》《扬州市南水北调输水廊道沿线一公里范围内植树造林实施方案》。坚持一次规划、分步实施，到2020年，林木覆盖率达20%，林地、水面及湿地占比达65%，自然湿地保护率达50%，地表水市控以上断面水质优良率达75%，南水北调和淮河入江水道水质稳定优于Ⅲ类，市区空气环境质量优良率达74%以上。到2025年，林木覆盖率达25%，林地、水面及湿地占比达70%，自然湿地保护率达60%，地表水市控以上断面水质优良率达80%，南水北调和淮河入江水道水质稳定优于Ⅲ类，市区空气环境质量优良率达75%以上。把输水沿线周边地区340平方公里范围划定为核心保护区，重点实施引江河整治与湿地保护建设、生态林网与生态廊道建设、面源污染控制、生态监测预警系统建设等四大类生态工程项目；将源头地区重要湿地、饮用水源保护区、输水廊道、森林公园等生态环境敏感区、脆弱区划定为生态红线区域；把恢复生态功能、增强生态产品供给能力作为主要切入点，全力再现"江淮三百里生态风光图"和"百里大江风光带"。

二是推进生态中心建设。坚持以人民为中心的发展思想，按照"点、线、片"全覆盖的思路，重点实施三大生态绿化工程。"点"，即生态家园建设；"线"，即新328国道、"一环"（城区环城高速公路）、江六高速、启扬高速、站南路到仪征汽车工业园、新淮江公路6条生态廊道建设；"片"就是生态中心。"每个县（市、区）至少要建1个面积在10平方公里以上的生态中心"。2015年，《市政府关于进一步做好生态中心建设的意见》中明确，到2020年前，全市将建成宝应湖生态中心（规划面积13.6平方公里）、高邮清水潭生态中心（规划面积10平方公里）、仪征枣林湾生态中心（规划面积68平方公里）、江都仙城生态中心（规划面积22平方公里）、邗江蜀冈生态中心（规划面积10.1平方公里）、广陵夹江生态中心（规划面积12.2平方公里）、生态科技新城"七河八岛"生态中心（规划面积51.5平方公里）、瘦西湖生态中心（规划面积5平方公里）和三湾生态中心（规划面积1平方公里）九大生态中心，要求生态中心建设坚持"以林为根本、以水为主脉、以绿为基调、以土为特色"的规划方针，以植

扬州是个"好地方"

树造林、栽花种草、湿地保护与恢复为主要内容，生态用地面积占比 70% 以上，森林和湿地覆盖面积必须占 60% 以上，生态廊道绿化率 95% 以上。

三是推进公园体系建设。大力实施建成 10 个面积 1 平方公里以上的生态体育休闲公园、100 个社区公园、1000 个"五个一"全民健身中心的"111 工程"。

瘦西湖航拍

近年来，先后建成并对外开放的免费公园共 344 个，其中开放性综合公园 36 个、社区公园 204 个、专类公园 29 个、口袋公园 75 个，市民步行 5~10 分钟就可到达附近的公园，均衡覆盖整个市区的多层次公园体系基本形成。2017 年 12 月 1 日，江苏省首部关于开放式公园的立法——《扬州市公园条例》颁布实施。条例明确，公园体系发展和保护专项规划经市政府批准后，任何单位和个人不得擅自变更；确需变更的，公园数量和面积不得减少。2018 年 6 月 4 日，世界环境日前夕，人民日报社《民生周刊》以《扬州：一城公园一城绿》为题，点赞扬州公园体系建设"就是在城市历史文脉肌理上的一次传承和创新，它所带来的城市格局提升、生态环境优化，催生的不仅是诗意生活、闲情逸致，更为一座城市在新时代不断破解困局、砥砺前行、追求美好生活，提供丰沛的精神原动力"。

四是大力开展护绿植绿。自 2007 年扬州市五届人大常委会第二十九次会议作出国内首个"关于建立城市永久性绿地保护制度的决议"以来，扬州分五批确定了 35 块共 323.63 万平方米的永久性保护绿地；2022 年 8 月 30 日，扬州市九届人大常委会第四次会议通过的《关于同意确定第六批永久性保护绿

扬州 是个"好地方"

地的决议》，再次将玉盛公园（约1.05万平方米）、扬子津古渡体育休闲公园二期（约2.2万平方米）、扬子津古渡体育休闲公园三期（约3.1万平方米）、万福锦园（约1万平方米）、廖家沟滨水绿地（站西排涝站—阳关闸，约9.56万平方米）、银河之春体育休闲公园（约3.15万平方米）6块绿地确定为第六批城市永久性保护绿地。与此同时，坚持将土地出让金的5%用于植树造林，每年新增绿化面积100万平方米以上。每年将市四套班子领导及市级机关干部代表义务植树点，安排在江淮生态大走廊沿线和长江沿岸。2022年，优先安排专项经费453万元，用于支持江淮生态大走廊沿线绿化。持续推进"百里大江风光带"建设，在沿线河流、湖泊两边堤岸、滩涂、岛屿、陆地等进行生态化植树造林，形成森林廊道，推进农田林网、里下河滩地速生丰产林、大江风光带、丘陵地区经济林等林业工程，让各个生态板块形成有机生态整体。先后实施了万亩沿江风光带、万亩绿色通道、万亩田园风光带等一批源头保护项目，输水骨干河道沿岸建成了10多米宽的绿化隔离带，公共绿地面积达12万平方米，累计完成植树造林5000余亩，建成凤凰岛国家湿地公园及韩万河、三河六岸、廖家沟风光带等绿色公共空间780万平方米，在建绿地430万平方米，在东线源头形成了天然的"水质净化厂"。同时，淘汰各类"散乱污"企业145家、燃煤锅炉45台、国三柴油货车304辆，实施企业废气治理工程100多项，完成发泡企业综合整治38家、印刷企业Docs清洁原料源头替代131家。2018年以来，廖家沟饮用水源地始终保持Ⅱ类水质，市考断面水质达标率超70%。

五是紧抓湖泊保护。全域推行渔民上岸，退养还湖，让河湖休养生息。淮河水进入扬州后，与面积780平方公里的高邮湖及其北端的宝应湖、南端的邵伯湖交汇。早在2003年，扬州就开始重视总面积约为140万亩的高邮、宝应、邵伯、射阳"四湖"水环境问题。2007年，扬州市委五届三次全会决定："四湖"全面停止大规模水产养殖。2017年初，市委、市政府提出了高宝邵伯湖沿岸3公里范围内实施"退耕、退渔、退养，还林、还湖、还湿地"的"三退三还"工作构想，每年还湖面积超 3 万亩。为此，水源地区域的水产养殖面积累计减少 25 万亩，减幅达 20%，平均每亩损失 2500 万元。2020 年，全面落实长江流域"十年禁渔"部署，开展为期 10 年的高宝邵伯湖退捕禁捕工作。2022 年 5 月，经过 7 年建设与运营的江苏扬州北湖湿地公园，获批晋升为扬州北湖国家湿地公园。公园位于邗江区公道、杨寿、方巷三镇交界处，作为江淮生态大走廊的重要组成部分，通过实施退渔还湖、清淤净湖、清水入湖和生态养湖等工程，园内水质常年维持在Ⅲ类，部分指标可达Ⅱ类标准，水生植被覆盖率达 40%；自然湿地面积达 311.96 公顷，湿地率 78.2%；共记录有维管束植物 98 科 225 属 340 种，包括国家二级保护植物野大豆、野菱、莲；脊椎动物 28 目 70 科 190 种，其中鸟类 16 目 44 科 131 种，包括国家二级保护鸟类小天鹅、鸳鸯等 15 种。2023 年，生态科技新城大运河"七河八岛"入选中国林业产业联合会 2023 年国家级森林康养试点建设基地名单，成为扬州首家入选国家级森林康养试点建设基地单位。

"州界多水，水扬波。"扬州美，美在江河水。地处长江、淮河、大运河、南水北调东线走廊"四水"交汇之处，千百年来，大运河孕育了扬州城，贯通了扬州的湖河，奠基了扬州深厚的历史文化。运河哺育了扬州城，是扬州的"根"；大运河成就了扬州，扬州也守护着大运河。近年来，扬州深入贯彻习近平生态文明思想，深刻践行"绿水青山就是金山银山"理念，自觉扛起长江运河交汇点城市、南水北调东线源头城市的生态环保责任，以水污染防治为重点，以"南水北调"清水通道为核心，以江淮生态大走廊建设为抓手，坚持把系统性、整体性保护作为贯穿始终的首要任务，不断厚植"好地方"生态底色，围绕"江淮三百里生态风光图"和"百里大江风光带"再现，不断绘好美丽宜居新扬州的最新画卷。

扬州 是个"好地方"

"淮左名都",倾力打造"循环城市"

绿色是扬州的发展底色。扬州地处长江中下游,濒大海、衔运河,不仅有着优良的水运条件发展商品经济,还有着适宜的气候吸引人们在此定居游玩。来过扬州的人,大多有"四季平稳宜居住、降水充足空气清"的直观感受。李端的《芜城》写道:"今日又非昔,春风能几时?风吹城上树,草没城边路。"从诗中青草蓬勃生长的状态可以看出扬州水土是多么养人。李白的诗句"故人西辞黄鹤楼,烟花三月下扬州"被世人传颂,引得无数人到扬州观赏游览。"淮左名都,竹西佳处",古代的扬州美丽繁华,是古人停留久久不愿离去之地。今天的扬州绿色发展、宜业宜居,更是人们热烈向往的好地方。

漫步大运河畔,绿水悠悠,白帆点点,旧时的工厂早已搬走或关闭。信步在山林草地,阳光普照,微风拂面,眼前的一切都是那么生机勃勃。扬州生态禀赋优良,加之近年来不断推进生产方式转型和生活方式转变,空气质量好、生态环境佳。10年来,扬州相继获得国家生态市、国家水生态文明城市、国家森林城市、2023中国最具生态竞争力城市等一系列称号。邗江区获得国家生态文明建设示范区称号,广陵区入选全国"两山"实践创新基地,扬州三次被省政府评为大气污染防治优秀城市。天蓝地绿水清的好环境、好生态也成了扬州好地方的鲜明底色。

在经济发展与生态保护的双重压力下,扬州是如何推动生产方式转型和生活方式转变的呢？又有哪些推进高质量发展和高水平保护的路径和举措呢？

推动形成绿色发展方式和生活方式，是发展理念的一场深刻革命。"十四五"时期，我国生态文明建设进入了以降碳为重点战略方向、推动减污降碳协同增效、促进经济社会发展全面绿色转型、实现生态环境质量改善由量变到质变的关键时期。

强化顶层设计，加快推进能源结构绿色低碳转型

实现碳达峰碳中和是一场广泛而深刻的经济社会系统性变革。习近平总书记深刻指出，推进碳达峰碳中和是党中央经过深思熟虑作出的重大战略决策，是我们对国际社会的庄严承诺，也是推动经济结构转型升级、形成绿色低碳产业竞争优势，实现高质量发展的内在要求。2023 年 8 月，习近平总书记在首个全国生态日到来之际作出重要指示，以"双碳"工作为引领，推动能耗双控逐步转向碳排放双控，持续推进生产方式和生活方式绿色低碳转型。党的二十大报告明确了到 2035 年我国发展的总体目标，其中之一就是"广泛形成绿色生产生活方式，碳排放达峰后稳中有降，生态环境根本好转，美丽中国目标基本实现"。习近平总书记的重要论述，为我们积极稳妥推进碳达峰碳中和，推动经济社会发展绿色化、低碳化，推动实现人与自然和谐共生的现代化提供了重要遵循。

为确保全市如期实现碳达峰碳中和，推动经济社会发展绿色化、低碳化，扬州市政府多措并举，促进扬州经济绿色低碳循环发展。一是实施源头治理行动。加强"三线一单"分区管控，持续优化环境准入清单，强化重点行业发展的环境约束。实施煤炭消费总量控制，推进集中供热和能源梯级利用，开展能效提升计划和节能改造工程，加快发展清洁能源和新能源。加快实施能源结构绿色低碳转型，推进分布式太阳能发电和分散式风电，提高清洁能源供应能力，有效控制能源、工业、建筑、交通等重点领域温室气体排放。二是实施碳排放

扬州是个"好地方"

"双控"行动。探索建立碳排放总量和强度"双控"制度，开展全市碳排放达峰路径研究，编制《扬州市碳达峰实施方案》，确定排放峰值路线图，力争到2025年，全市主要高耗能产品碳排放基本达到国际先进水平，城镇新建民用建筑中绿色建筑比例达到100%，可再生能源替代常规建筑能源比例达到8%，交通运输结构和交通能源结构进一步优化。开展"零碳"政府机关、"零碳"社区、"零碳"建筑等碳中和实践，确保碳排放总量和强度控制完成省级下达目标。三是实施应对气候变化专项行动。加强气候变化风险评估，分级分区推进气候变化适应性管理。强化市政、水利、交通、能源等基础设施应对气候变化韧性，提高农业、林业等重点领域气候适应水平，加大生态系统保护修复力度，提升林业、湿地等生态系统碳汇能力和里下河气候敏感区、生态脆弱区的气候适应能力。

实现"双碳"目标，能源是主战场，电力是主力军。推动能源供给清洁低碳，必须构建清洁低碳、安全韧性的能源供应体系，有序衔接好化石能源消费占比下降和可再生能源消费比例提高，大力引进区外清洁来电。因地制宜发展太阳能、风能、生物质能、地热能、氢能，高质量推进整县（市、区）屋顶分布式光伏开发试点建设。光伏发电，相当于向天"借"光发电，不仅能为制造业、服务业和城乡居民输送源源不断的电能，还能有效减少火力发电造成的环境污染。根据测算，光伏发电的二氧化碳排放为33~50克/度，而煤电为796.7克/度。光伏发电的二氧化碳排放量只是化石能源的1/10到1/20，在降低碳排放方面拥有压倒性的优势，所以太阳能光伏产业发展潜力巨大。那么在发展太阳能光伏产业时，如何使光伏发电既不占用土地资源又能增加电量供给呢？

除了屋顶分布式的光伏建设模式之外，新的绿色开发模式也已在扬州落地生根。在邗江区公道镇的一处鱼塘里，水面波光粼粼；一块块光伏板整齐划一，有序排列，在太阳下熠熠生辉，犹如蓝色的海洋；水塘中，鱼虾嬉戏，焕发着勃勃生机，与不远处的乡村构成了一幅和谐画卷。这就是全省首个市场化并网的杰尊公道80兆瓦光伏项目，通过光伏板将太阳能源源不断地转化为电能。这一项目采用"渔光互补"的开发模式，充分利用土地资源，实现了养殖、发电与储能的有机结合，做到"一地两用"。2023年8月，杰尊公道80兆瓦渔光互补光伏项目在江苏扬州并网，项目通过配置储能电站可独立参与电力市场响应。项目投运后，每年可向江苏电网输送清洁电能9000万千瓦时以上，减少二氧化碳排放约7.4万吨，实现新能源光伏产业产值约600万元。渔光互补光伏项目的顺利推进，给乡村带来的变化是全方位的，不仅实现了乡村产业兴旺，保障了村民稳定增收；而且改善了村居环境，推进了全镇能源结构转型，为乡村绿色发展、百姓安居乐业带来了"光"。

激活"绿色制造"，打造循环经济

绿色发展是国际大趋势，也是生态文明建设的客观要求。当今时代，资源与环境问题是人类面临的共同挑战，可持续发展日益成为全球共识，特别是在应对全球气候变化背景下，推动绿色增长、实施绿色新政是全球主要经济体的共同选择。发展绿色经济、抢占未来全球竞争的制高点已成为国家重要战略。中共中央、国务院印发的《质量强国建设纲要》提出，全面推行绿色设计、绿色制造、绿色建造。绿色制造是一种低耗、高效的现代化制造模式，不仅对实现碳达峰碳中和目标具有重要作用，而且对加快转变经济发展方式、推动工业转型升级、实现制造业高质量发展具有现实意义。在发达国家纷纷实施"再工业化"战略，重塑制造业竞争新优势，提倡清洁、高效、低碳、循环等绿色理念的背景下，以往那种"村村点火户户冒烟"的粗放式经营逐渐退出，注重人与自然和谐发展的企业"绿色发展"新理念应运而生。

绿色发展理念下，积极推进绿色园区、绿色工厂建设意义重大。中国各类产业园区数量庞大，对整个中国经济的贡献达到30%以上，仅工业园区二氧化碳排放占总排放量的31%。园区碳排放占比高、减排空间大、减排优势明显。

扬州 是个"好地方"

近年来，我国积极适应和引领全球绿色低碳发展潮流，引导企业推行绿色设计、开发绿色产品，鼓励工业园区和企业开展绿色改造工作，创建"绿色工厂"、建设"绿色园区"，助力绿色转型。何为绿色工厂？绿色工厂是指实现了用地集约化、原料无害化、生产洁净化、废物资源化、能源低碳化的工厂，其核心是生产过程的绿色化。绿色设计产品符合生态设计要求，按照全生命周期理念，在产品设计开发阶段系统考虑原材料选用、生产、销售、使用、回收、处理等各个环节对资源环境造成的影响，减少污染物产生和排放。我国2018年5月首次制定发布了绿色工厂相关标准《绿色工厂评价通则》，其对工厂建筑、照明、专用设备、大气污染物、水体污染物、固体废弃物、噪声、温室气体排放等均有明确的标准和规范。

对此，扬州以提高能源利用效率为目标，以生产过程清洁化、能源利用低碳化、制造工艺绿色化、废物利用资源化等为重点，指导企业加强节能环保技术、工艺、装备推广应用，强化产品全生命周期绿色管理，加快推进循环经济和综合利用。此外，扬州还充分运用省、市级专项资金支持企业实施绿色化改造重点示范项目。对建成绿色工厂的企业，除了按照国家级30万元、省级15万元进行一次性奖补外，还优先提供绿色贷款、绿色债券、绿色担保等绿色金融支持。在政府的支持推动下，重点企业和工业园区开展绿色制造示范创建工作成效明显。尤其是在绿色制造示范创建方面，截至2023年底，扬州已经累计建成国家级绿色工厂24家、绿色设计产品11件、绿色园区1家、绿色供应链管理企业1家，省级绿色工厂45家，绿色制造的社会效益、环境效益和经济效益不断显现。

其中，扬州环保产业园作为邗江区环保产业企业集聚的重要平台，直面园区发展"如何围绕绿色低碳目标，积极践行生态优先理念；如何加速倒逼产业转型升级，着力寻找新的经济增长点"等问题，以"减碳"破题，积极探索循环经济模式，合理设计和搭建循环经济产业链条，建立企业间能量流和物质流的集成和资源的循环利用，涌现出"生活垃圾物质能量再生与梯级利用""废旧汽车物质再生利用""建筑垃圾闭路循环化再生利用"循环经济圈。这样的设计、生产方式的运行，实现了经济效益、社会效益、环境效益的良好提升，使扬州环保产业园当之无愧地成为全区企业"绿色发展"的领舞者，获批扬州首家绿色园区。扬州绿色工厂众多，其中金威科技有限公司作为企业节能减排的佼佼者，成为邗江首家"绿色工厂"。金威科技有限公司能在众多企业中脱颖而出，成为邗江首家绿色工厂，靠的是近年来大力投入新技术、新工艺，致力于工艺改进，减少了原材料与有害物质的使用，保证绝大部分材料可以回收再利用或者降解，避免对环境产生多次污染。同时，严格落实刚性措施，减少废气、废水的排放，有效地控制工业固废的产生。公司在基础设施建设、环保投入方面，严格按照环境影响报告书的要求，落实污染物处理设备，确保污染物排放达到相关法律法规的要求。正是因为环境保护与经济效益并重，公司在良性发展轨道上一直行稳致远，成为邗江区企业绿色发展的排头兵。

企业多一些"绿色"，产业就少些能耗和污染。推动生产方式绿色转型，是贯彻落实绿色发展理念的主要途径和重要支撑。生产方式能否实现"绿色化"，直接决定着绿色发展的成效。进入新时代，扬州正加快实施以清洁生产、节能降耗为重点的技术改造，打造更加高效、清洁、低碳、循环的制造体系，让绿色成为扬州高质量发展的底色。

推进生活方式加快转变，奔赴向往的绿色生活

绿色是城市的底色。绿色生产方式的转型，对人们的思维意识和生活方式产生了变革性的影响。同时，全社会也积极行动，通过开展节约型机关、绿色家庭、绿色学校、绿色社区、绿色出行、绿色商场、绿色建筑等创建行动，广泛宣传推广简约适度、绿色低碳、文明健康的生活理念和生活方式，建立完善

扬州 是个"好地方"

绿色生活的相关政策和管理制度，推广绿色的生活方式，营造绿色生活的社会氛围。

打造"生活无废"环境，让生活更"轻"更美。废旧塑料、厨余残渣、废旧电池……随着经济社会快速发展，生活垃圾也日益增多，如何推进废物源头减量和资源化利用，打造美丽宜居城市？2022年9月，《扬州市生活垃圾分类管理条例》正式施行。坚持宣传引导、生态导向、精准高效，聚焦分类投放收集运输处理"四环节"，依法推进，居民垃圾分类知晓率达90%以上；狠抓源头减量和资源回收利用，生活垃圾资源化利用率达80%以上；建立健全"四分类"全生命周期新体系，全市居民小区垃圾分类覆盖率达96%以上。为进一步促进固废"绿色循环"，2022年12月，扬州发布《扬州市废旧物资循环利用体系建设实施方案（2022—2025年）》，从健全废旧物资回收网络体系、提升再生资源加工利用水平、推动二手商品交易和再制造产业发展等多方面抓起，计划到2025年基本建成规范化、智能化的废旧物资回收网络体系，生活垃圾分类实现市区全覆盖，标准化分拣中心实现县（市、区）全覆盖。

推动流通领域绿色发展，让商场"绿"起来。商场里绿植处处，购物小票无纸化，环保积分实惠多多……不少人发现，身边实行绿色管理、倡导绿色消费的绿色商场多了起来。为加快推动绿色低碳发展，助力"双碳"目标实现，一股"绿色浪潮"正在席卷各大商业体，绿色服务、绿色环境、绿色回收等一系列举措传递着绿色的消费理念。近年来，扬州绿色商场的创建不断取得突破，创建的范围和数量持续扩大、增加，引导消费者进行绿色消费，实现资源循环利用的效果逐渐显现。以商场的绿色宣传为例，为推广绿色低碳理念、营造绿色消费的良好氛围，不少门店通过在商场内显著位置张贴绿色宣传标语、打造绿植美陈、利用电子屏开展节能宣传等行动，引导消费者树立绿色低碳的观念。除了"降碳"，商场也在不断加大"减塑"力度。一方面，商场积极引导消费者减少一次性塑料制品使用，推广使用环保布袋、纸袋等非塑料制品和可降解塑料袋；另一方面，众多商场组织开展绿色回收活动，旨在通过环保回收废弃物的方式，进一步提高废弃物回收利用率，增强消费者节约资源绿色环保意识。

奔赴向往的绿色生活，推进绿色社区建设。扬州印发《扬州市绿色社区创建行动实施方案》，建立健全社区人居环境建设和整治机制，积极改造提升社区供水、排水、供电等基础设施，在改造中采用节能照明、节水器具等绿色产品、材料，加大既有建筑节能改造力度，提高既有建筑绿色化水平；实施生活垃圾分类，完善分类投放、分类收集、分类运输设施；提高社区信息化智能化水平，使生态文明理念扎根社区，全市72个社区参与创建并达到创建要求。

大力发展公共交通，鼓励居民绿色出行。近年来，扬州始终践行绿色发展理念，积极响应国家节能减排号召，全面推进国家公交都市和绿色出行城市"双市"同创，以常规公交提质与绿色文化宣贯两个省级重点示范项目为引领，有序推进台账梳理、宣传片制作等工作。加快城市公交产业转型升级，探索绿色交通新模式，逐年加大新能源公交车推广应用力度。一是倾力打造"绿色、低碳公交"。批量采购新能源公交车，崭新的车体外观、宽敞舒适的车厢，给市民出行带来新体验。二是加速推进充电配套设施建设，减少颗粒物排放。三是持续优化提升东部综合枢纽公交运营环境。由枢纽始发，行经线路串联起汽车站、商超、居民区等多个客流集散点和扬州主要风景名胜区，日均客流量约2.5万人次，进一步增强了区域引领辐射带动能力。公共交通的绿色发展不仅减少了温室气体的排放，而且进一步方便了居民的生活出行。现在，选择乘公交绿色出行已成为扬州市民出行的主要方式。

绿色化是现代化产业体系的基本特征之一。在全球资源环境问题日益突出、应对气候变化共识不断增强的背景下，推进产业绿色化不仅是经济社会高质量发展的内在要求，也是实现人与自然和谐共生的关键。未来我们要在产业绿色化、绿色产业化上下更大功夫，持续保持"稳中求进、稳中向好"的良好态势，以高质量发展营造高品质生态环境，使"好地方"扬州有颜值、更宜居。

扬州 是个"好地方"

引领"绿色风尚",夯实"生活无废"环境

时光回溯到 300 多年前,夏秋之交,清初诗人王士祯站在扬州城西北,凭栏远望,满目苍翠,写下"绿杨城郭是扬州"的传世佳句。岁月更替,世事变迁。绿色,早已镌刻城市肌理,成为扬州不变的鲜明底色。扬州市委市政府深入贯彻绿色发展理念,厚植高质量发展的绿色底色,协同推进经济社会发展和生态环境保护,坚持以发展的"含绿量"提升增长的"含金量",为"绿杨城郭是扬州"书写新的时代篇章。站在新时代新征程的起点,回顾过往,一个个生动鲜活的案例、一个个出台执行的文件、一个个坚定的发展选择,诉说着同一个故事:绿色。近年来,扬州科学统筹经济社会发展和生态环境保护,协同推进降碳、减污、扩绿、增长,更大力度打好蓝天、碧水、净土"三大保卫战",加快形成绿色低碳生产方式和生活方式,着力打造人与自然和谐共生的美丽扬州。先后落实重点企业"一企一策"最优排放管控措施、划定国三及以下柴油货车禁行区、统筹推进"五水共治"重大决策部署、推进美丽河湖建设、加速推进重点区域土壤污染治理、制定《扬州市"无废城市"建设实施方案(2022—2025)》(以下简称《实施方案》)……在一项项实打实、硬碰硬的举措之下,推窗见绿、仰头望蓝、沿水赏景,随手一拍就是一张刷爆朋友圈的生态美照,已成为市民的生活日常,更成为扬州践行"两山"理念,持续推进生态文明建设的生动写照。

3 / 绿色发展、美丽宜居的"好地方"

2021年，扬州市委市政府出台《深入推进美丽扬州建设的实施意见》（以下简称《实施意见》），提出的一揽子举措，让"美丽扬州"这个概念变得具体可感。《实施意见》在城市治理保护、统筹协调发展等方面作出具体部署，使得蓝天、碧水之下城乡生活环境品质再升级。坚持生态宜居是美丽幸福的底色，统筹推进宜居城市和美丽乡村建设，以人为本、可观可感，塑造客观的"外在美"，提升可感的"内在美"。坚持民生改善是美丽幸福的基础，补齐民生短板、强化民生弱项，坚决打赢"六场硬仗"（雨污分流、黑臭水体治理、垃圾分类处置、老旧小区改造、市容环境提升、大气污染治理），推进"三大行动"（基础设施强基、农村人居环境提升、特色田园乡村建设），提升生活品质，修复生态环境。

城市是生产、生活的重要空间，一座美丽的城市，对生活在这座城市中的

扬州市空中俯瞰

扬州 是个"好地方"

人来讲，一定是宜居的城市。没有宜居，何来"美丽"？宜居，也是扬州的重要城市品牌。扬州不仅是国内公认的宜居城市，还是国际认可的宜居城市。但是，现在随着城市规模不断壮大，人口不断集聚，人们对宜居的要求越来越高、越来越多元化，再加上一些极端天气、突发公共卫生事件等时有发生，所以挑战和压力也同时并存。扬州面临的一个紧急任务就是要全力打响雨污分流、黑臭水体整治、垃圾分类、老旧小区改造、市容环境整治和大气污染治理"六场硬仗"，切实提升民众生活品质。"六场硬仗"也是扬州宜居城市建设的六大短板和挑战。在《实施意见》中，这"六场硬仗"非常具有针对性和可操作性。用2~3年时间使问题比较突出的片区和住宅小区雨污分流到位，建成"污水处理提质增效达标区"；治理黑臭水体，建设完善覆盖城乡的标准化污水处理体系；到2022年底全市各地基本建成生活垃圾分类处理体系；全面推进城镇老旧小区改造，到"十四五"期末，结合各县（市、区）、功能区实际，力争基本完成2005年底前建成的需改造老旧小区改造任务；全面实施以市容提升、城郊环境整治、城区公厕改造为主要内容的新一轮城市环境综合整治；到2035年全面消除重污染天气。这"六场硬仗"每一仗都不容易，都必须在市委市政府的统筹规划下稳步推进。生活垃圾分类这场硬仗，扬州人民交出了一份满意的答卷。下面我们来看看扬州生活垃圾分类的推进情况。

废旧塑料、厨余残渣、废旧电池……随着经济社会快速发展，生活垃圾也日益增多。这些日常生活中看似不起眼的"小事"，却是关系到"无废城市"建设的"大事"。据统计，2021年，扬州共收集生活垃圾（其他垃圾）140.3万吨（3844吨/日），产生强度约0.8398千克/人·日，较2020年0.8006千克/人·日、2019年0.7847千克/人·日，呈逐年递增趋势。近年来，扬州以"无废城市"建设为总抓手，持续推进固体废物源头减量和资源化利用，并以此作为探索城市治理的切入口，高标准高质量打造美丽宜居城市，绿色生活理念深入人心，整洁、绿色、美丽的环境举目可见、伸手可及、亲身可享。

做好源头"减"文章

当前国内国外城市对生活垃圾的处理经历了卫生填埋、焚烧和堆肥生物降解等处理方式，各种处理方式均有利弊。对于城市垃圾的处理，填埋、焚烧等方式不能从根本上有效控制垃圾量，比较重要的对策是从垃圾源头减量控制和回收循环体系构建，此外垃圾分类体系也很重要。2023年10月，扬州市政府发布的《实施方案》要求，倡导简约适度、绿色低碳的绿色生活方式，持续开展生活垃圾分类；减少一次性用品使用，合理消费、全面落实"光盘行动"；推行绿色办公，加大绿色办公设备采购力度，引导使用循环再生办公用品；持续开展塑料污染治理，推广使用非塑制品、可降解购物袋等，宾馆、酒店等场所不主动提供一次性塑料用品。到2025年，商场、超市、药店、书店、餐饮、展会、集贸市场等场所禁止使用不可降解塑料袋，城乡接合部、乡镇和农村地区集市等场所禁止销售不可降解塑料袋，餐饮堂食服务禁止使用不可降解一次性塑料餐具，餐饮外卖行业不可降解一次性塑料餐具消耗强度下降30%，快递网点禁止使用不可降解的塑料包装袋、一次性塑料编织袋等；严格限制商品过度包装，倡导同城快递包装材料重复使用，持续推广快递行业绿色包装使用，到2025年，快递绿色包装使用率达到60%，全市配备快递包装回收装置的快递网点占比达到75%。培育"无废"理念和文化，人人参与"无废城市"建设，激活"无废小区""无废餐饮""无废商场""无废学校""无废机关""无废集团""无废园区"等一批"无废细胞"，到2025年，开展"无废细胞"建设的单位数量（机关、企事业单位、学校、饭店、商场、集贸市场、社区、村镇、景区、园区）不低于200个，政府、企事业单位、非政府环境组织、公众"无废城市"建设参与度不低于95%。

去超市自备购物袋、住酒店自备洗漱用品……随处可见的绿色生活方式，已经是扬州人的潮流新风尚。2023年9月，汶河小学的孩子们在开学时，上了别开生面的"生态文明第一课"。课上,广陵区环境卫生管理办公室工作人员化身垃圾分类宣传员,普及垃圾分类相关知识,实现"教育一个孩子,带动一个家庭"的目标;在广陵区东关街道的新时代文明实践惠民活动上,市民和游客通过现场设置分类投放的游戏,在获得分类知识的同时收获一份绿色小礼品……这样主动开展的宣讲活动,广陵区会不定期进校园、进企业、进小区等公共场所宣传活动,营造"沉浸式"自主学习空间,让大家观摩资源循环利用的产品实物,现场体验再生资源如何便民利民,培植新型环保理念,培养低碳时尚生活习惯。从广陵向全市延伸,扬州市文明委出台实施意见,针对餐饮浪费行为,开展专项治理行动,引导外卖商家(餐饮市场主体)提供小份菜、半份菜、拼菜等多样化点餐服务,引导消费者按需适量点餐,鼓励消费者通过12315服务热线反映举报餐饮经营者浪费行为。

按照"高位推进、系统治理、法制保障、生态优先"原则,扬州持续推动垃圾分类地方立法,通过法律明确垃圾分类地位,确定工作目标、方法和路径,规范各类主体的权利与义务,不断放大社会效应。2022年9月1日,《扬州市生活垃圾分类管理条例》正式实施,这部地方性法规的出台标志着扬州垃圾分类工作进入"硬约束"时代。实行生活垃圾分类,意味着居民生活习惯的改变。对不少居民而言,势必有一个从不适应到逐步习惯的过程。基于此,扬州坚持全民参与,将垃圾分类融入文明城市创建,探索出"党建引领、部门负责、居民自治、社会参与、志愿服务"五位一体工作格局。截至2023年,全市居民垃圾分类知晓率、满意度达90%以上,参与率达80%以上。"宣教"并举,深入人心。全市建成首座集互动、展示、科普等多种功能于一体的垃圾分类教育基地,在垃圾分类广泛覆盖、精准教育中发挥了重要作用。开展线上线下多渠道、立体化垃圾分类宣传活动,培育宣传志愿者6万多名,举行垃圾分类进社区活动1000余次,营造群众广泛参与的社会氛围,掀起垃圾分类时尚新风。

做好源头"减"文章,借力"无废城市""循环利用城市"创建、塑料污染专项治理等工作，严格限制商品过度包装，协同推进限塑令、光盘行动、绿色办公等。生活垃圾，源头减少，是一种新的生活理念，也是一种对未来的期待。

构建闭环分类新体系

早上8点，在古城仁丰里街区，桶边督导员正在垃圾桶旁引导市民将生活垃圾进行分类投放，为"无废城市"建设守好第一道关口。广陵区辖区面积265.36平方公里，在如此之大的区域内建设"无废城市"，广陵区选择从城市垃圾处置抓起。生活垃圾分类投放开始实施后，该区配置了682个分类垃圾厢房和投放站，并安排129名桶边督导员上岗。与此同时，广陵引入绿色资源再利用服务团队"沃沃回收"，开展可回收物收集，并以现金、实物等形式进行兑换结算，以提高居民垃圾分类积极性。同时，该区设立了"智慧环卫"云平台，将各类作业车辆、垃圾桶分布点、厢式垃圾房实时运行情况纳入平台监管，数据及时上传后方云平台，让大数据赋能"无废城市"建设。《实施方案》要求，全面推动城区生活垃圾"四分类"工作，逐步推进农村生活垃圾分类，实现生活垃圾分类设施全覆盖。建立健全与生活垃圾分类需求相匹配的收运网络，避免"前端分类、中转混合"现象发生。结合城市生态修复、城市修补"双修"工作，优化转运站布局，新改建一批转运站，运输车辆及设备更新换代；建设多功能环卫综合体，实现垃圾转运集约化、高效化；规范生活垃圾中有害垃圾全过程管理，并将其纳入危险废物集中收集体系。以创建国家废旧物资循环利用体系建设示范城市为契机，厘清各部门管理职责，建立可回收物台账制度，搭建可回收物收运体系，加快城市环卫系统和再生资源系统"两网融合"。

分类投放、分类收集、分类运输、分类处理，垃圾分类四个环节，环环相扣，缺一不可。扬州坚持前端、中端、后端一起抓，软件、硬件建设齐发力，全力构建完整闭环的全程生活垃圾分类体系，不断提升全周期、全链条分类体系效能，全市居民小区垃圾分类覆盖率达 96% 以上。攻前端，按可回收物、有害垃圾、厨余垃圾、其他垃圾四类，目前已建设垃圾分类绿色社区（村）113 个和省级达标小区 803 个。进一步拓展"三定一督"覆盖面，在全市 302 个小区建设定时定点投放站 606 座，市区 37 条主要道路实行撤桶、定时上门分类收集，推动垃圾定点分类和源头减量。畅中端，组建"可回收物、有害垃圾、厨余垃圾、其他垃圾"4 支收运队伍，对全市 1840 辆分类运输车辆统一进行分类涂装，引入海沃、金威等企业参与垃圾分类收集运输市场化运营，基本实现了各类垃圾的单独收运、专车运输。强后端，采取"大分流、小分类"模式，建成再生资源可回收物分拣中心、大件垃圾拆解中心等垃圾处理设施 60 余个，新建（扩建）生活垃圾焚烧发电厂 4 座、餐厨废弃物处理厂 4 座，实现生活垃圾全量焚烧处理。扬州焚烧处理能力从原来的 1610 吨／日扩大到 4310 吨／日，厨余垃圾集中处理能力从原来的 100 吨／日扩大到 410 吨／日。此外，其他垃圾全量焚烧、无害化处理率达 100%，餐厨废弃物处理率达 95% 以上。为努力在垃圾分类工作方面争做先行示范，扬州以生活垃圾处理终端为基础，提升环保科技产业园功能，优化垃圾焚烧发电、厨余垃圾、建筑垃圾等处理生态产业链，扬州垃圾处置基地被命名为国家循环经济标准化试点示范园区。

放大回收"增"加值

在抓好生活垃圾分类的同时，扬州突出生态导向，狠抓源头减量和资源回收利用，生活垃圾"三化"处理水平达到新高度，资源化利用率达 80% 以上。放大回收"增"加值，运用人工智能、大数据等技术手段，加快推进生活垃圾分类收运体系和再生资源回收体系"两网融合"，整合再生资源回收市场，建设再生资源分拣中心 9 个。《实施方案》要求，推动主城区厨余垃圾资源化利用项目建设，补齐处理能力短板。结合国家生态园林城市创建，探索园林废弃物

3 / 绿色发展、美丽宜居的"好地方"

在生物有机肥、有机覆盖物、有机基质和园路铺装等方面的应用，提高园林废弃物资源化利用率。有序开展赵庄垃圾卫生填埋场、宝应运西和宝应运东生活垃圾填埋场封场和生态修复工程，加强封场后运行监管，探索封场地块梯级再利用。到2025年，生活垃圾卫生填埋场应封尽封。合理利用现有热电厂协同处置市政污泥，探索污泥能源资源回收利用。推动生活垃圾焚烧飞灰资源化利用，共商共建共享宁镇扬一体化利用处置设施，逐步实现"趋零填埋"。

"沃沃艺术空间"是这两年在扬州不定期举行的艺术展。这里的作品，都来自垃圾。从咖啡渣实验室到图书漂流计划，从瓶子创造营到瓶身之旅，从可循环办公用品展到沃沃回收展，精彩的创意让大家看到了生活垃圾的无限可能。"我们希望将看似无用的闲置产品，通过回收再设计，赋予新灵魂，使产品再生、变废为宝。"沃沃回收相关负责人介绍。用垃圾开设艺术展，只是生活固废的"艺术化"利用。而程度更深、范围更广的生活固废利用，正在朝资源化方向进行探索。

城北鸿福二村小区附近，曾有个停用近17年的茅山垃圾填埋场，旁边囤积着工程弃土足有23万立方米，建筑垃圾围堰有四层楼高。扬州对垃圾填埋场进行专业封场，四周打下数百根水泥柱，对"垃圾山体"整体封闭，通过场区消杀、沼气零排放处理、垃圾渗滤液的内部循环处理、雨污分流、覆盖种植土壤、营造植被景观等举措，将其打造成园艺体验中心——花都汇。花都汇自2017年4月开园，已被打造成花卉、宠物交易市场。与此同时，黑臭的官河经过疏浚，沟通了瘦西湖水系，成为碧波荡漾的景观河。从"黑水臭山"到"绿水青山"，再到"金山银山"，"垃圾山"脱胎换骨变成生态公园、创意街区，实现了完美逆袭。

2023年12月23日，央视"共同关注"栏目以《"无废城市"建设试点五年 如何让城市更宜居？》为题，聚焦扬州在"无废城市"建设道路上的创新探索与举措，重点介绍了经济技术开发区某企业，1吨废纸能造出850公斤成品纸，废纸利用率可达96%以上。除了日常生活中产生的垃圾，因养护而产生的园林废弃物在扬州生活固废中占据较大比重。据统计，2019—2021 年，扬州共收集园林废弃物约 1.49 万吨。受广陵区委托，江苏叁山环境科学技术研究有限公司通过园林垃圾粉碎车就地实时粉碎并直接装车，大幅度降低人力成本、提高运输效率。在此基础上，叁山于 2022 年在广陵区沙头镇建立园林绿废循环展示基地，收运的园林绿化垃圾通过进一步粉碎、发酵、筛分等加工过程，最终制成有机肥。为了进一步促进固废的"绿色循环"，2022 年 12 月，扬州市人民政府印发《扬州市废旧物资循环利用体系建设实施方案（2022—2025 年）》，以健全废旧物资回收网络体系、提升再生资源加工利用水平、推动二手商品交易和再制造产业发展等为抓手，目标是到 2025 年基本建成规范化、智能化的废旧物资回收网络体系，生活垃圾分类实现市区全覆盖，标准化分拣中心实现县（市、区）全覆盖。

积极探索生活垃圾处理新实践。自 2020 年 10 月，扬州江都区宜陵镇根据江苏省住建厅的要求开展农村生活垃圾分类试点工作以来，人居环境显著提升，垃圾减量初见成效。目前，全镇 263 个行政组内的露天垃圾池已全部拆除，原先垃圾池周边脏乱差和臭气熏天的局面得到扭转；压缩站内垃圾处理量下降 25%，建筑垃圾由原先的散点投放变为集中收集利用；尤为重要的是，群众观念得以转变，垃圾分类知晓率由原先不足 10% 上升至 95% 以上，群众逐步自觉将餐厨垃圾同其他垃圾分开投放，实现"要我分"到"我要分"的转变。

第一，优化组织架构，筑牢机制保障。

压实领导责任。镇级层面成立党政主要负责人任总指挥，分管负责人直接负责，环卫、村建、城管等单位为成员单位，各村（社区）书记任组长，按网格化治理模式细化责任，包干到人，确保农村生活垃圾分类落在实处。

坚持党建引领。为了充分发挥党支部在垃圾分类中的带头示范作用，该镇把挂牌亮户的 1000 余名共产党员家庭户作为垃圾分类宣传劝导员、垃圾分类示范户，负责督促引导居民正确分类投放。同时，各村（社区）以每季度一次的

"最美家庭"评选为契机,将垃圾分类工作作为庭院会议的议题之一,将分类积极的农户在红黑榜上予以表彰,并在村部宣传栏张榜公布,增强他们的荣誉感。

强化日常考核。为确保农村生活垃圾分类处置的有效推进,把责任和压力传递到各村(社区)和第三方公司。同时,该镇以《江都区城乡环卫一体化市场化项目考核办法》为依据,出台了《宜陵镇农村生活垃圾分类和治理工作考核制度》,纳入环卫市场化考核,不定期随机抽取村(社区)工作状况,进行现场考核量化打分,并按季度通报考核,将考核结果作为村(社区)人居环境专项资金划拨依据,做到真考核、求实效。

第二,完善硬件设施,夯实基础建设。

强化设施配置。为了满足垃圾分类收集正常的运转,新购置配备有毒有害专用收集车辆1辆,餐厨垃圾收集车辆2辆,市场化引进压缩式垃圾车10辆、勾臂车5辆,吸污车和洒水车各2辆。同时,为高效运收和处置分类后的垃圾,划拨出50万元资金专款用于垃圾分类,为全镇16个村(社区)采购30升的干湿分类桶11000余个,以联户的形式合理配置有机易腐垃圾和其他垃圾收集容器,并对其采用编号和党员二维码的形式链接到户,确保垃圾上门收集责任到人。

严格分类投放。通过不断优化合并,将原先脏乱差的露天垃圾池予以拆除并将原先散落的零散垃圾桶撤点合并,拆除后的位置因地制宜地改造为农作物暂存点或新建四分类垃圾亭。截至2023年,全镇已安装四分类垃圾分类亭270个,完成所有行政组垃圾分类亭全覆盖。在人员密集的居民小区,投放三定一督垃圾分类房5座代替垃圾分类亭,并安排专人值守,即满即运,从收集源头确保垃圾分类到位。

完善终端处置。对收运后的垃圾严格按照分类终端进行处置,与区环卫处签订有毒有害垃圾运收协议,定期将有毒有害垃圾闭环运转至区运转中心进行市场化无害化处置。为有效处置有机易腐垃圾,投资100万元在环卫所内新建有机易腐处置中心,餐厨垃圾经易腐处置中心处置后,统一回收利用。其他垃

扬州是个"好地方"

圾经压缩车运输至扬州天楹环保有限公司进行焚烧发电。为了让大件可回收物和建筑垃圾有处可去，还租用了集镇区的废旧厂房作为大件可回收处理中心和建筑垃圾临时堆放点，让大件垃圾和建筑垃圾实现资源再利用，其中大件电子垃圾全部运转到辖区内全省最大的废旧家电拆解中心——江苏宁达环保有限公司进行拆解回收，变废为宝。

第三，聚焦宣传引导，厚植群众基础。

强化群众宣传。一方面，加强线下阵地建设，在各行政村和集镇各小区设置垃圾分类集中宣教阵地，制作并张贴宣传 KT 板和宣传海报 500 余幅。另一方面，充分利用"我的宜陵"微信公众号、网格微信群、环境监察车循环宣传 100 余次，并在村部宣传栏通报分类情况，多渠道广泛提升宣传力度，营造浓厚的宣传氛围。

创新宣传形式。为了充分调动群众垃圾分类的积极性，宜陵镇将垃圾分类穿插于送文化进乡村、进学校、进企业活动中，同时，将垃圾分类知识纳入中小学地方课程，先后在中小学讲授主题课程 26 次；在幼儿园建设垃圾分类科普教育基地，购买垃圾分类游戏教具，分类知识上墙，让孩子在游戏中清晰辨识垃圾，让"小手拉大手"成为推动宜陵垃圾分类的有力抓手。

深化舆论引导。结合党的二十大精神各类宣讲演出活动，积极推进垃圾分类宣传与送戏下乡、送文化下乡等文娱活动相结合，力争采用群众喜闻乐见的方式达成宣传效果。组织开展 4 场大型专题文艺汇演，并现场进行垃圾分类知识有奖问答等游戏活动，现场发放各类宣传手册 8000 余份。

突出入户走访。由村干部带头，组织青年学生等群众组成志愿者小分队，先后开展镇村组干部扎实走访入户活动 400 人次，讲解具体做法、分享日常知识、解答分类疑问。通过一系列载体多样、形式各异的宣传活动，让群众在耳濡目染中形成分类意识、分类习惯，实现从"要我分"到"我要分"的转变。

垃圾分类是百姓关注的"关键小事"，更是推动生态文明建设的"重要大事"。围绕提升垃圾分类和治理溢出价值，扬州统筹垃圾分类与生态文明建设，因地制宜，先行先试，在"减""增""绿"上做足文章，深挖垃圾分类附加值，让城市更"轻"、环境更美。做好源头"减"文章。积极加入世界自然基金会（WWF）"净塑城市"倡议，加强塑料垃圾全周期管理，减少生产、生活领域一次性塑料制品的消费量和废弃量，提升塑料替代产品使用量和塑料回收利用率。放大回收"增"加值。充分发挥市场化机制和政策引导作用，畅通再生资源回收渠道，实现减量化处理、资源化利用。提升城乡"绿"颜值。完成生活垃圾填埋场渗滤液、异味等综合治理，妥善化解

垃圾分类投放（胡云 摄）

"邻避效应"。通过市县联动、城乡统筹、因地制宜，在各乡镇逐步建立"户分类投放、村分拣收集、镇回收清运、有机垃圾生态处理"收运体系，农村人居环境得到有效改善。如今的扬州，以"回收利用"破题，用"绿色风尚"答卷，夯实"生活无废"环境，统筹垃圾分类和生态文明建设，为生活固废打通了"绿色循环"，让城市更"轻"、环境更美。

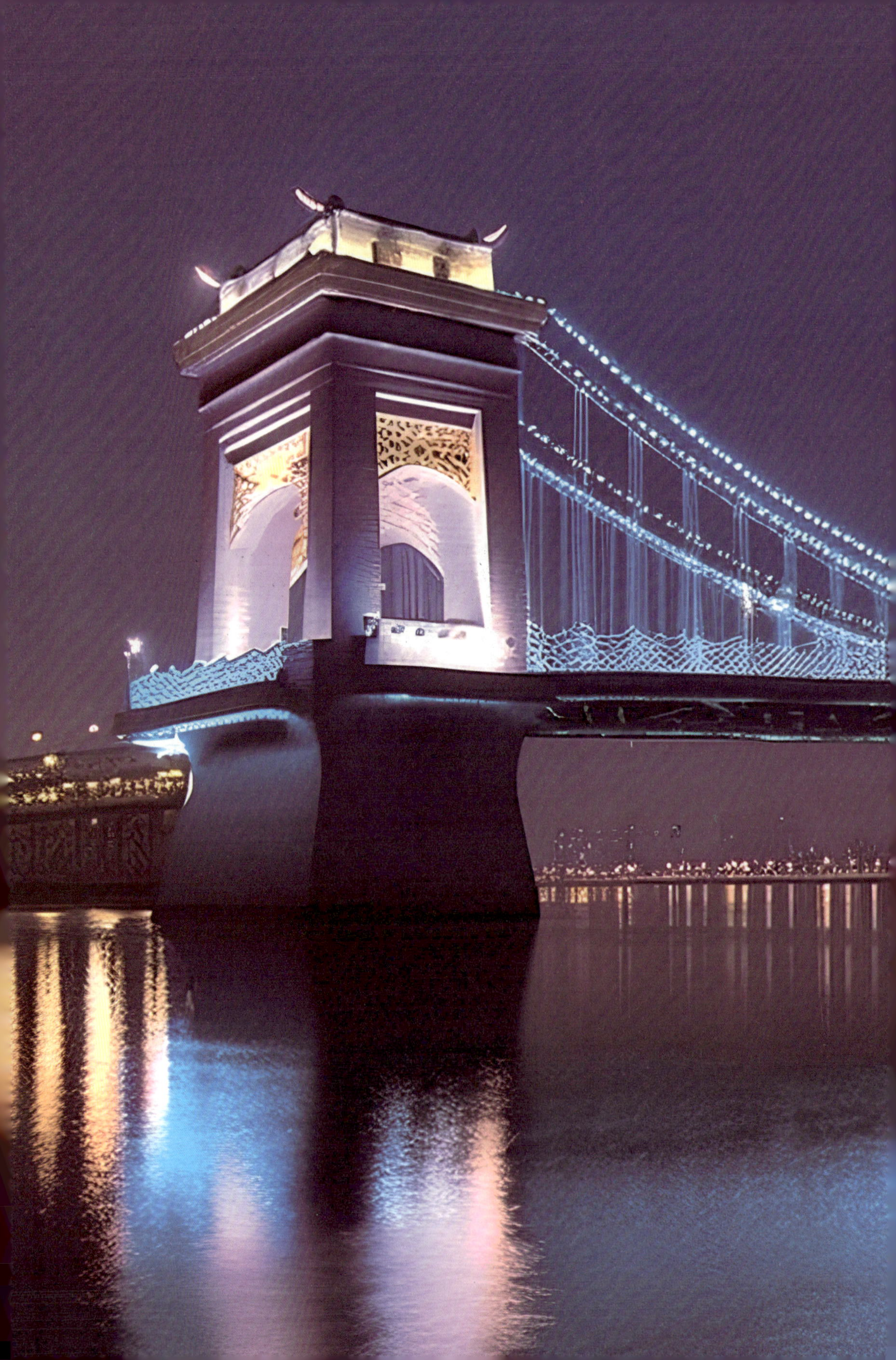

4

协同发展、城乡融合的"好地方"

扬州在推进区域协同、城乡融合发展中的一系列新思路和新做法，无论在理论上还是在实践上，都具有重要且深远的意义。

何为城乡融合发展？其基本内涵包括五个方面：一是城乡要素合理配置，实现城乡要素双向流动、平等交换；二是城乡基本公共服务普惠共享；三是城乡基础设施一体化发展；四是乡村经济多元化发展；五是农民收入持续增长。这五个方面是一个有机的整体。城乡融合发展不仅是扬州主动适应新发展要求所作出的具体部署，也是左右未来城市能级提升的重要举措。沿河地区更加坚定在苏中地区率先绿色崛起的决心，将生态、文化、区位等比较优势转化为后发先至的发展优势，在推进乡村振兴、做强特色文旅产业、吸引人口回流、增加居民收入上下更大功夫，奋力实现弯道超车，打造里下河地区绿色转型发展的示范；以城乡共兴为导向，积极引导空间要素向资源环境承载力强、产出效益高的地区集聚，科学安排县域、乡镇、村庄资源保护，以及产业发展和公共配套等各类空间布局，着力打造农文旅融合发展的现代农业产业园；合理确定村庄布局和规模，加强乡村风貌整体管控，形成田园乡村与现代城镇各具特色、交相辉映的城乡发展形态。

扬州 是个"好地方"

从"渔花子村"到村美民富的样板村

扬州城外、京杭大运河畔，有个千年邵伯湖。沿湖村地处邵伯湖西岸，是扬州唯一纯渔民居住的渔业行政村，陆地面积 0.8 平方公里，水域面积 61.5 平方公里，现有人口 1600 多人。以前，沿湖村是一个穷得叮当响的小渔村，渔民们常年漂泊在湖面上靠打鱼为生，"上无片瓦，下无立锥之地"，一家两三代人蜗居在四五平方米的船舱里，当地流传着一句话："呆男不娶渔家女，傻女不嫁渔家汉。"

如今的沿湖村，在村党委书记刘德宝及一班人的带领下，在渔民党员的示范下，全村渔民齐心协力抓渔业生产、整荒滩废地、建渔民小区、兴渔家文化，使得沿湖村成为乡村颜值"高"、村民口袋"鼓"、"鱼虾满舱、稻谷飘香"的乡村振兴典型村。先后获得了"国家级最美渔村""全国乡村旅游重点村""全国乡村治理示范村""全国民主法治示范村""中国美丽休闲乡村""中国特色村""全国生态文化村""全国文明村""乡村振兴旅游富民先进村"等荣誉称号。2017 年、2018 年春节连续两年登上了《新闻联播》，成了"网红渔村"。

从远近闻名的"渔花子村"到"全国最美渔村"，从卖鱼虾到"卖"风景，沿湖村的蝶变是扬州以城乡融合发展实现乡村振兴的一个缩影。

4 / 协同发展、城乡融合的"好地方"

在乡村发展过程中，沿湖村认真落实中央关于推进乡村振兴战略的各项工作部署，做足"水文章"，深挖"渔文化"，借力互联网，走出了一条文旅融合的特色乡村发展之路，成为田园美、生态美、产业美的"美丽新渔村"。

沿湖村之所以会发展成为今天这个样子，与新时代以来村党委认真学习贯彻新发展理念、推进乡村振兴战略的实践密不可分。

渔业转型实现产业兴旺

沿湖村的发展首先是渔业的发展，因为渔业资源的枯竭，才由传统捕鱼业转向了水产养殖业，过上了上岸定居生活。渔民上岸定居后，沿湖村两委通过传统渔业资源、良好生态资源、特色文化资源的有效整合，以"渔业＋文化""渔业＋康养""渔业＋体育"等"渔业＋"模式发展乡村产业，从渔业养殖到"渔业＋"的第二次渔业转型，真正实现了沿湖村的产业兴旺。

沿湖村以"渔业＋"模式发展乡村旅游带动三产，推动了传统渔业乡村转型发展。

十几年前，沿湖村是远近闻名的"渔花子村"，全村人均年收入不足6000元。俗话说"靠山吃山，靠水吃水"，沿湖村拥有外湖水面12万多亩，内湖水面600多亩，大小船只1000多条，渔民过去依靠单一捕鱼捞虾维持生计。捕捞打鱼的风险性和随机性很高，"刮风一半、下雨全无"的情况十分普遍。后来随着水体环境的恶化、禁捕期的延长，打鱼作业产量低、利润少。面对这一现实境况，沿湖村党员干部开动脑筋、主动探索，开始了第一次渔业转型。沿湖村先后开发出12900亩养殖水面和1500亩贝类养殖开发基地，通过在沿湖水面发展科技含量较高、抗险能力强、综合效益高的蟹贝等特种水产养殖，实现了"春夏秋冬"四季都有水产品上市。同时，村集体牵头组建水产专业合作社，注册"印象邵伯湖"系列商标，保证渔民丰产又丰收，2016年实现渔业产量1100

吨、渔业产值 4700 万元，沿湖村实现了从传统渔业捕捞到渔业养殖的第一次渔业转型。

从传统捕捞打鱼到特种水产养殖，对沿湖村渔民来说是相对容易实现的产业转型。但沿湖村所处的邵伯湖作为过水性湖泊，每年汛期都会面临水位上涨、水草冲击网箱等风险，特种水产养殖过程其实并不轻松。另外一个难题是，长期养殖也面临水资源萎缩、退化等问题。更重要的是，2013 年以后，随着国家南水北调工程启动，邵伯湖开始"退养还湖"。接下来，如何带领广大渔民走上致富路，以刘德宝为村党组织书记的一帮人，着实动了一番脑筋，进行了深入调查研究和苦苦思索，逐渐在水产养殖业基础上又想出发展特色餐饮业的路子。经过一段时间的努力，餐饮业越做越好，慢慢地发展起来，有了名气，并在周边地区扩大了影响。来沿湖村吃湖鲜，既便宜又新鲜，逐渐成为一种度假休闲时尚。有了人气后，如何进一步推动沿湖村实现更快发展，村委班子成员又陷入了思考。

村两委经过深入研究，认为沿湖村要进一步发展，必须紧扣"渔"字做文章。村两委反复商议后，在对传统渔业资源、良好生态资源、特色文化资源进行有效整合的基础上，逐步形成以"渔业 + 文化""渔业 + 康养""渔业 + 体育"等"渔业 +"模式发展乡村文化旅游业的思路，渐次实现了从渔业养殖到"渔业 +"的第二次渔业转型。

以"渔业 +"模式发展乡村旅游，必须打造沿湖村的品牌。发展起初，村党支部书记刘德宝带领村民提出"农业与旅游同行，一产与三产并举"的思路，在抓好传统渔业产业的基础上，依托丰厚的渔文化资源、良好的生态资源和渔业产业特色，放眼长远建项目，精旅游、扬文化，一下子打开了沿湖村发展的局面，为沿湖村的发展注入了新的活力。经过几年的发展，沿湖村逐步实现了从传统一产到一三产融合、从捕鱼卖鱼到"卖旅游、卖生态"的转变。现在，每天都有游客光临沿湖村，周末和节假日更是一房难求、一桌难求。

沿湖村以"渔业+"模式发展乡村旅游的思路慢慢打出了具有本地乡土特色的文化牌、乡村旅游牌。

自2011年起，沿湖村利用本村的特色文化和良好的生态资源，先后成立2家渔文化旅游公司和2家专业合作社；2012年成功注册"印象邵伯湖""邵伯湖八鲜""渔家三宝""渔妈妈"等系列商标，涉及美食、文化、演艺等19个大类190多个项目，已经形成邵伯湖渔文化旅游品牌综合开发的先发优势。随着乡村旅游的不断发展，沿湖村积极引导和鼓励渔民利用闲置的房屋打造渔家乐餐饮、特色民宿等项目，带领村民增收致富。第一批响应号召的村民马明斌介绍说，他家用承包的12亩池塘干起了渔家乐，做餐饮和垂钓，创业第一年营业额达30万元。如今"小马哥渔家乐"已注册商标，远近闻名，并带着村里潘兰兰、马明星办起"渔娘家的菜"和"星渔民渔家乐餐饮"。

沿湖村从开始的1家渔家乐餐饮，发展到现在的15家渔家乐餐饮、8家特色民宿、20多条游船、垂钓休闲项目。红火的创业形势不仅点燃了沿湖渔民的创业热情，还吸引了大量人才回流。村民老钱9年前离开沿湖村去上海打拼，现在被村里乡村旅游的发展前景吸引，特地卖掉了上海的房子回家，投资70万元建了自己的渔家乐。大学生小化毕业后，毅然返乡创业，成立了扬州渔盛化生态农业发展有限公司，线上线下销售起邵伯湖鱼、虾、蟹、芡实等沿湖村水产品、土特产和旅游纪念品。在众多创业能人的示范带动下，大家看到了实实在在的致富希望，现在全村接近40%的村民都创业当起了老板。

目前，沿湖村渔家美食、渔民风情、渔家活动、渔庄民宿无一不蕴含着浓浓的渔家文化，不断吸引着八方游客来此休闲、度假。2021年沿湖村旅游收入达2800万元，村集体收入达245万元，渔民人均收入从10年前的不足6000元变成了现在的3.4万元，渔民经营的旅游项目有近10家年纯收入达到了30万元以上，带动本村就业达400多人。

产业发展与生态宜居并行

以前的沿湖村，渔民一家几代人吃喝拉撒全在船上，条件最好的顶多搭个不足 15 平方米的小雨棚，养的鸡鸭鹅就在船边漂浮的草堆上落脚。从水上到岸上，解决立足之地、居住之所是无法回避的现实问题。对此，沿湖村以"渔民定居"工程为基础持续改善渔村环境，取得了显著成效。从 2007 年开始，沿湖村就开始实施"填塘整地"和"渔民定居"工程。到 2010 年，"渔民定居"一期工程已全部完成，136 户渔民告别了"以船为家、风吹雨打"的生活，住进了统一规划的"新渔小区"。2018 年，占地 64 亩的二期工程主体工程完工后，89 户渔民随即告别"风雨飘摇"的日子。以"渔民定居"工程为基础，沿湖村最终实现了全部渔民上岸定居这一历史性发展难题。

渔民上岸定居后，怎样推进乡村振兴？这是一个与村民利益息息相关的现实问题。在乡村建设规划方面，如何避免横七竖八、私搭乱建等现象，这恰恰成为沿湖村推进乡村美丽宜居建设遇到的一道难题。在 2008 年建设之初，沿湖村规划还是一张白纸。在这张白纸上怎样描绘关乎沿湖村未来的发展？如果没有一个统一科学的规划，用不了多长时间，也必将遇到许多村庄建设过程中都会遇到的难题。为了描绘好渔村未来发展蓝图，刘德宝书记先后多次到北京邀请同和时代旅游设计院专家为沿湖村设计乡村旅游发展规划，按照精致"渔"主题人文景观、山水自然景观、公共商业休闲景观三大体系，以"渔"和"隐"为主调，积极打造扬州邵伯湖畔生态休闲度假特色渔村，结合沿湖村资源分布特征与村庄发展情况，推动将沿湖村分片区发展。北部片区重点发展以现代绿色农业、生态有机农业为主的传统农业展示区，突出"农业＋生态"的发展思路；南部片区重点发展以水产养殖、乡村旅游、康养度假乡村为主的休闲经济示范区，突出"渔业＋旅游"的发展思路；东部片区重点发展以传统渔业捕捞、水上活动、湖景观光等项目为主的邵伯湖水上休闲体验区，突出"休闲+体验"大发展思路，逐步形成以生态渔业和乡村旅游为主导的特色产业。按照这样的规划思路，从整体上明确了渔民集中居住区、渔文化博览园区、渔家乐发展规划区，整个沿湖村的发展规划条理清晰，整整齐齐，更加符合乡村清清爽爽的地域特色。

"保护生态，是沿湖村的第一要务，再有钱、有再好的东西，如果没有生态，可能会有暂时的兴旺，但更有可能过了若干年后，这地方还会落后，所以这么多年我们一直坚持这个理念。"刘德宝书记是这么说的，也是带领大家这么做的。沿湖村以"江淮生态大走廊"战略为契机，大力提升渔村生态发展。现在的沿湖村，满眼的郁郁葱葱和水光潋滟，这不仅得益于邵伯湖赋予的良好自然禀赋，更少不了沿湖人为美好生态环境所付出的艰辛努力。

为了进一步做好生态规划，沿湖村针对自然生态环境保护，采取了以下建设措施：设立生态红线区域保护标示牌和边界标志；实施湿地保护工程；实施邵伯湖生态红线保护区湖面清杂工程，清理湖面垃圾、杂草；实施生物多样性评价工程；实施村庄绿化提升工程，绿化植树50亩。2016年，为了推进生态建设，村里把发展集体经济的2500亩的特色养殖拆掉了。这一措施每年村里会减少30多万元的收入，不少村民也觉得很可惜，但是，村两委认为，为了保护邵伯湖的生态环境，这一做法是值得的。

为了保护生态，沿湖村成立了"志愿者"服务队，定期开展文明村创建工作宣传、生态保护宣传、水上垃圾收集和外来水生植物治理等多项服务工作，建立了污水管网系统、渔家乐专属净化池，配合生态补偿机制，收到了良好的环境治理和保护成效。目前，沿湖村围绕特色田园乡村建设规划，进一步完成村内土地整治项目，提升旅游停车场建设，9个生态停车场，共有400个停车位。同时，进一步做好全村垃圾集中处理工作，自来水入户率达100%。新建日处理能力200吨污水处理设施2个，污水处理率达85%，垃圾处理率达100%，全面实现了人畜分离，无露天粪坑，农户卫生厕所普及率达100%。

特色文化助力乡村振兴

"随着渔民上岸定居,渔民生活习惯改变,再不记录保存下来,文化就会被岁月冲走了。"抱着这个初衷,2014年初,沿湖村党支部支书刘德宝带领一班人,对本地与人文典故、特色技艺相关的人和事进行了深入挖掘。他们走村串户、查阅史料,搜集整理出万余字的渔文化资料,编写出了《沿湖渔民习俗》。他们挖掘出的沿湖渔民习俗被列为江苏省非物质文化遗产,这一成果大大激发了全村干群的荣誉感和归属感。

今天的沿湖村在全力做好生态保护的同时,进一步挖掘本村特色文化。他们把原有的渔业产业的特色挖掘出来,以"渔"为主题,把村子打造成"渔"文化底蕴深厚、生态环境好、农村人能接受、城市人更喜爱的生态村。生态美、文化厚,成了沿湖村一张亮丽的名片。在以特色文化助力乡村振兴的实践中,沿湖村相继举办了"邵伯湖首届渔民文化美食节""欢乐渔家中秋赏月晚会""庆开渔民俗风情节""欢乐渔家金秋品蟹节""第七届高宝邵伯湖放鱼节""邵伯湖冬捕杀围节""邗江区乡村旅游沿湖专场推介会"等活动。同时,立足贯穿四季的"渔文化节",进一步开发特色旅游产品,将沿湖渔村传统的 36 道船菜、非遗面食、《打鱼令》《打蛮船》民俗说唱、《水上迎亲》《大湖船》等民俗节目搬上邵伯湖渔民文化美食节、开渔节、中秋赏月晚会、品蟹节、杀围节、元宵灯会等渔事渔节舞台,展现出了渔村的人文风情和特色。

2019 年,沿湖村结合省级特色田园乡村建设,筹资 200 万元打造出一组南方风格的传统古建筑。以"沿湖渔光"为主题脉络,把建筑分为寻根渔文化、唱响渔光曲、共享渔家乐三部分,并采用实物、图片、影像等方式,通过主题传承渔文化,做实乡村文化产业。为进一步丰富村民的文化生活,沿湖村先后建设"渔家学堂""渔家书房""渔民大舞台"等阵地,向村民免费开放。在这里,渔家人利用孩子节假日、寒暑假等，让孩子从小就学习先进典型、学知识、学做传统手工艺。学堂和书房成为渔民晒家风、比家训的集结地。村里新人新事新风尚、好人好事好气象、文明和谐谋发展是他们经常挂在嘴上的话题。

乡村振兴离不开人的参与。对此，沿湖村以"美丽新渔村"为切入点，组建党员志愿服务队伍、俏渔娘宣传队、生态环保志愿服务队，大力推进移风易俗，门前环境"三包"党员带头、群众参与，倡导文明旅游，实现了村居环境整体改善，游客满意度显著提高。成立扬州首家乡贤工作室等，利用乡贤的力量开展文化、文明活动，带出了渔村文化好风尚。利用村综合文化中心、渔家书房、渔文化主题邮局、渔民大舞台等阵地，开展形式多样的文明实践活动。比如"俏渔娘"渔文化宣传队，渔娘们自发组建俏渔娘宣传队，敲起锣鼓，创作编演富含"渔"文化特色舞蹈，丰富了渔村休闲文化生活。

乡村振兴离不开组织振兴

村民富不富，关键看支部。这个当年"十网打鱼九网空"、资源贫瘠的落后渔村之所以能变成今天这个"鱼虾满舱、稻谷飘香"的生态文明村、富裕村，关键在于有一个强有力的党支部，通过发挥基层党组织的引领作用，大抓基层，推动城乡融合、产业融合发展，把沿湖村发展成为推动乡村振兴的典型村，并获得了江苏省"最美乡村"、江苏省"生态村"的荣誉称号。

任何成就的取得都不可能一帆风顺，沿湖村的发展同样如此。2004年之前，沿湖村只有76亩耕地和1100亩滩涂，大部分都是荒滩水塘，连一亩整块的土地都没有。面对这样的现状，沿湖村党支部怀揣一定要改变贫穷落后面貌的信念，村党总支带领全村1000多名群众抓生产、整荒地、建小区，始终把责任扛在肩上。一个支部就是一个战斗堡垒。沿湖村党总支以渔业生产片区划分下设3个党支部，总支班子成员5人，其中3人在村委会交叉任职。

支部强不强，关键看有没有一个好的带头人。沿湖村党支部带头人刘德宝是地地道道的渔民，2004年5月，刘德宝刚当上村党支部书记，村里多年没有公共事业办理项目，集体资产"一无所有"，渔业生产停滞不前，各类矛盾纠纷不断。怀着"让渔民有尊严"地生活这个初心，刘德宝发誓要将自己的一腔热血和宝贵青春奉献在这邵伯湖畔，改变渔村贫穷落后的面貌。从2008年起，为了能让渔民上岸定居，刘德宝到处想办法，要政策、筹资金，他带领村民先后用了4年时间硬是将大堤下的500多亩水塘荒滩改造成了土地，并用3年时间在村内建起了总规模近130户的渔民上岸集中居住小区。居住小区建成后，村里水电、网络、广场、停车场、雨污管网等配套设施一应俱全。当把村民居住问题解决后，刘德宝却没有给自己留一块宅基地。从增加渔民收入到推动320户渔民上岸集中安置，再到发展渔村生态旅游，他和党组织一班人带着渔民们一步一步实现了渔村面貌翻天覆地的变化。

刘德宝先后获得"全国劳动模范""全国优秀党务工作者"，江苏省"最美共产党员"、"吴仁宝式"优秀村支书、全省"百名示范"优秀村党组织书记等荣誉称号。如今的沿湖村，村两委班子比学习、比发展、比做人、比奉献，思想境界发生了质的转变，党员干部已成为防汛抗旱、抗洪救灾、志愿服务、创业扶贫等一线的主力军。

乡村振兴，产业发展是基础。产业兴旺是乡村实现可持续发展的核心内在驱动力。从沿湖村的实践来看，实现乡村振兴，要因地制宜，结合资源特色，把发展特色产业作为集体经济发展的突破口，突出特色化、差异化，打造核心竞争力。沿湖村从最初渔家乐的星星点火、艰难起步，到如今的30多户渔民从事乡村旅游；从最初水产品、土特产路边摆摊、扯着嗓子吆喝，到开发成旅游产品在淘宝和抖音热卖；从曾经单一的美食，到推出"吃住游"一条龙的乡村度假产品……产业发展空间不断拓展，逐步实现了从传统一产到一三产融合、从捕鱼卖鱼到"卖旅游、卖生态、卖文化"的转变。实现城乡融合发展，文化生态要先行。从沿湖村的实践来看，乡村的发展不仅要塑形，更要铸魂。沿湖村以丰富的渔文化资源为引领，充分融合本地独特的自然环境、民俗风情、农耕文化，大力发展乡村游，走出了一条城乡共兴的特色发展之路。乡村振兴，党建引领是保证。沿湖村坚持党建引领，村党组织始终把渔民群众对新时代美好生活的向往作为努力工作的方向，坚持把渔民期盼的过上好日子作为工作的目标，通过基层党建引领，实现了从"渔花子村"到"全国最美渔村"的蝶变。

扬州 是个"好地方"

从传统"小"农产业
迈向融合发展的"大"产业

宝应县地处江苏省中部,扬州北端,属里下河腹地,千年古运河穿境而过。这里的气候土壤皆处于南北交替之间,物产十分富饶,被称为"鱼米之乡"。境内河湖密布,水资源总量约为1.6亿立方米,水质达到和超过国家Ⅲ类标准。面积较大的湖荡有宝应湖、白马湖、范光湖、射阳湖等,俗称"五湖四荡",约250平方公里。水面滩地面积约70万亩,为里下河地区水面滩地最大的县。

宝应荷藕种植历史有2000多年,早在唐代已有文献记载。唐朝诗人储嗣宗《宿范水》一诗中提到"采莲":"行人倦游宦,秋草宿湖边。露湿芙蓉渡,月明渔网船。寒机深竹里,远浪到门前。何处思乡甚,歌声闻采莲。"至明代,荷藕已成为宝应大宗生产的土特产品。《万历志》列"宝应十景"中有"西荡荷香",清代《康熙志》列"宝应十二景"中有"莲叶接天",植荷盛况可知。1933年《江苏全省物品展览会特刊》载:"宝应植藕85000亩,亩产1500斤,年产藕12750万斤;藕粉2000担,品质纯真,性黏味美,富营养质。"20世纪70年代时,宝应开始"沤改旱",湖荡减少,但依然留下了"五湖四荡"。荷荡与芦荡相伴,沼泽土、芦苇、蒲柴,它们一齐造出了一种土壤——藄质土壤。藄质土壤肥沃,草根年复一年生长,泥土松软,荷藕与芦苇、蒲柴间植,荷藕生长的空间大,又因为是沼泽土,荷藕长得又白、又大、又脆、又嫩、又甜。

20 世纪 50 年代，八一电影制片厂在这里拍摄了电影《柳堡的故事》，一曲"九九艳阳天"传唱了中国几代人。1984 年，上海电影制片厂又在獐狮荡拍摄了神话故事片《八仙的传说》。从此，这里便被人们称为何仙姑的家乡。1998 年，宝应以其优美的自然环境、完整的产业链条和独特的荷藕文化被命名为"中国荷藕之乡"。2004 年 7 月，"宝应荷藕"正式成为国家地理标志产品。

改革开放吹生了开荒种藕第一人

"接天莲叶无穷碧，映日荷花别样红。"在素有"荷藕之乡"美称的宝应望直港镇，有一名普通却又不平凡的农民，叫沈甫臣，是远近闻名的"藕乡致富带头人"。1985 年，江苏省人民政府授予沈甫臣"劳动模范"的光荣称号；1988 年，沈甫臣以江苏省唯一"泥腿子"身份当选为第七届全国人大代表；1993 年，他又作为种植大户当选为江苏省第八届人大代表。

1982 年，改革开放的春风吹遍了祖国大地。面对生机盎然的大好春光，沈甫臣坐不住了。他暗暗思忖：祖祖辈辈是日出而作，日落而息，照此下去，"泥腿子"何时才能走上小康道路呢？他想到了种藕。村里有 30 亩荒地无人问津，为何不能去开发开发呢？他找到了村委会，主动承包了这片荒地。为了把这片荒地开发好，一家人吃住在田头，开荒种藕，他们辛勤的汗水换来了荷藕的丰收，为全镇开荒种藕打响了"第一枪"。沈甫臣也成为当地率先致富的领头羊，以自己的行动，带动乡亲们重新开启传统荷藕种植，开荒种藕一时形成了千帆竞发的局面，很快形成了"十里荷花香"的景象。

前人种树，后人乘凉。如今，宝应县已成为全国最大的荷藕种植基地之一。2023 年，宝应县荷藕种植面积达 12 万亩以上。全县荷藕的种植主体现已形成专业化格局，具有一定规模的家庭农场有 40 多个，种植面积有 1 万多亩，大的有 1000 多亩，小的有 100 多亩；涉及荷藕种植的农民合作社有 50 多个，社员有

6000多人，种植面积3万多亩。西安丰镇集丰村梁继广种植荷藕1600多亩；望直港镇莲馨食品有限公司自有基地种植荷藕近4000亩，还在县外种植7000多亩。宝应县的荷藕产业在央视、《人民日报》、法国公共电视台等国内外媒体多次报道，2022年中国农民丰收节期间央视对宝应藕农采藕盛况进行了现场直播。

打造富民产业，助力乡村振兴

深秋时节，在宝应县射阳湖镇风车头村，大片藕塘中工人正不断将采出的鲜藕运往岸边，运藕的货车络绎不绝；村里的荷藕产业展示馆里，糯米藕、藕酒、藕粉等荷藕衍生产品达上百种，琳琅满目。

近十年来，依托农民专业合作社，风车头村不断推进荷藕规模化种植，同时大力发展加工业，让荷藕产业成为该村一张闪亮名片。

新农人：藕片里藏着创业密码

走进位于风车头村的宝应县荷藕产业融合发展示范园，映入眼帘的是20多家企业的工人正忙着进行荷藕初加工。"95后"青年唐清晨是当地最年轻的创业者。来到他的铺面，一边是工人正在清洗藕节，另一边摆放的切片机上雪白藕片不断飞出，店后腌制池中盛放着大桶藕片，空气中弥漫着一股清香。"这是火锅、冒菜用的藕片，直径5~6厘米，厚度5毫米，不同客户对直径和厚度有不同要求。"他拈起一片藕介绍道。

唐清晨是土生土长的射阳湖镇人，曾在外上学、打工，几年前返乡创业。"前些年听说荷藕产业逐渐成了家乡的支柱产业，2018年底，村里的工业园区招商，我感到这是一个商机，于是立刻回来租了厂房，开始创业。我父亲种藕，也觉得加工有前景，很支持我回来。"唐清晨说，铺面占地600平方米，目前主要做藕的半成品，将鲜藕切片、腌制送往精加工企业，最终成品供给火锅店、冒菜店或藕盒生产企业。"风车头村种藕的人很多，农户从塘中采藕，送到我这边；厂里工人们进行清洗、去皮、切片，接着腌制约一周，再装入蓝色分装桶，送往下游企业。现在我们一天能加工3~4吨，这样的桶大概有2000个。客户主要集中在宝应及周边，也有山东客户上门来拿货。"唐清晨的语气里充满了自信和希望。

回村创业之初，唐清晨也遇到过技术问题。好在父亲种藕，村里也有懂行的前辈，于是他多方请教，逐步稳定工序，父亲的藕塘也逐渐扩大至2000多亩。"现在我们是父子齐上阵，靠着村里的荷藕产业，也想做出点成绩来。"唐清晨说。

多年的创业，让唐清晨更加坚定了留在村里发展的决心。"刚开始确实比较累，但上了正轨之后就挺有成就感，在父母身边生活也很幸福。去年公司营业额约400万元，利润率3%~5%。现在常态化用工20多人，希望带动乡亲致富。目前的困难是厂房太小，有可能的话，我想扩大厂房面积进行精加工，实现自产自销。"唐清晨自信满满。

村干部：水荡里长出富民产业

风车头村地处宝应县东荡地区、射阳湖镇西南端，宝射河穿村而过。在年长村民的记忆里，20世纪的风车头村有大片芦苇荡，村民在种植稻麦之外，零零散散种些藕。为了保证鲜藕有序销售，村里于2005年成立了风车头荷藕营销专业合作社。

风车头村的发展离不开村党总支书记王启海的带头作用。对于风车头村接下来的发展，王启海的思路是明确的，那就是推动荷藕的规模化种植，鼓励农民扩大荷藕种植面积。王启海讲道，"目前，村内已流转2000亩地，加上在外承包，2021年全村荷藕种植面积7.56万亩，实现产值3.02亿元。风车头如今是宝应荷藕主产区，也是宝应县国家农村产业融合发展示范园的核心区"。

对于村里的第一把手来说，增加农民收入，是村里各项工作的重中之重。

扬州 是个"好地方"

不过，在水乡泽国，荷藕种植并不罕见，如何将此发展为富民产业？

荷藕种得多，还要销得出。风车头村依托早些年成立的营销专业合作社，顺势建成"藕行"即荷藕交易市场。交易市场建成后，可以吸引远近的经纪人在此集聚交易。为此，风车头村也形成一支66人的荷藕经纪人队伍。几年发展下来，荷藕交易市场2021年交易总额2.6亿元，同时带动周边10个村的3000多名农民就业。近些年，合作社相继被评为国家农民专业合作社示范社、全国绿色产业化示范单位，"风车头"荷藕也被认定为绿色食品。

在鲜藕营销火热之时，市场嗅觉灵敏的荷藕经纪人又将加工业引入村里。"原本我们只将鲜藕销售给加工企业，十年前，头脑灵活的经纪人意识到鲜藕加工火爆，开始自己建厂做初加工，这样一来，经济效益更高，还带动更多村民就业。"王启海介绍。随着荷藕产业发展形势向好，宝应县荷藕集中加工区于2019年落户风车头村，2021年，初加工盐渍藕2.14万吨，业务收入8132万元。

围绕"一节藕"，风车头村的产业发展蒸蒸日上。2021年，全村实现社会总产值3.32亿元，村集体经济总收入104万元，农民人均可支配收入约3万元。如今加工区已经不够用，村里又获批150亩土地用于建设深加工企业，既拉长产业链，也将带动更多百姓就业。

与此同时，风车头村计划进一步扩大荷藕种植面积，但是，面对新的发展计划，土地性质限制却成为新的困扰。在村党支部书记王启海看来，要发展，村民部分鱼塘用地可以改种荷藕，但要让藕塘成片，就要进行土地置换。而目前的土地政策不支持水面与良田置换，导致村内荷藕种植面积无法进一步扩大。这也是未来推进荷藕产业进一步发展要解决的问题。

原住民：荷塘里干得安心自在

熟练地将根根鲜藕上秤称重，接着撅下鲜藕两端、将大藕节装车……10月底正逢鲜藕上市旺季，风车头村藕塘中，59岁的村民潘生英正忙着打藕。

4 / 协同发展、城乡融合的"好地方"

"以前风车头虽然也种藕,但家家户户零零散散,这些年藕塘逐渐成片,出现了不少种藕大户,村里还有了荷藕加工厂。"谈起这些年村里的产业变化,潘生英感触颇深。往年,她在种地之余到藕塘打零工;今年,土地全部流转了,她也成了全职的产业工人。"我们做了一辈子农民,也种了几十年地。这些年虽然有农机帮收种,但种得少还是挣不了多少钱,11亩地一年挣1万多元,遇到台风高温还得担惊受怕。现在村里荷藕产业搞得像模像样,我们去年就决定把地包出去,一亩租金1200元,现在一年光租金就有1万多元,也不要自己劳心了。"

每天早晨与丈夫一同到藕塘中劳作,中饭和晚饭由藕塘老板提供,潘生英如今的生活充实而规律。"今年7月8日来的,一直能干到明年5月20日。藕塘生意挺好,每天都有货车来拉藕。现在是采藕旺季,我们这些打藕工人每天最少挣200元。在这里上班也方便,家里有事,跟老板说一声就能回去。"潘生英说。

村民在藕塘劳作(姚佩伦 摄)

扬州是个"好地方"

产业兴旺是乡村振兴之本,丰产增收点亮"希望的田野"。风车头村充分发挥集聚效应,专注荷藕产业,让传统农业焕发勃勃生机。

发展优质品牌,打造全产业链

20世纪80年代,宝应县政府和水泗乡政府号召群众大搞滩涂开发,开垦柴田发展传统荷藕生产。经过几十年的发展,如今,宝应县已拥有"大紫红""美人红""小暗红"三大当家品种及10多类生态品种,建立了全品种绿色生产体系。近几年来,宝应县陆续从湖北、安徽、河北等地引入鄂莲系列、天津大地红等品种,进一步丰富荷藕品种结构。同时,探索出藕慈复种、藕田套养(小龙虾、泥鳅、黄鳝)等高效循环农业模式。

当前,以莲藕为主的水生蔬菜产业已成为宝应县助力农业高质量发展的特

村民采藕(姚佩伦 摄)

色产业、富民强村的支柱产业和乡村振兴的主导产业。全县莲藕种植面积达 10 万亩、年产量 15 万吨，年产值近 50 亿元，创建了全国唯一以莲藕为主导产业的国家级现代农业产业园。"宝应荷藕"成为国家地理标志产品，获批原产地域产品保护，进入全国农产品区域公用品牌百强。

丰产又丰收只是产业发展的基础保障。就荷藕本身而言，荷藕的半成品说白了就是净菜，生产流程简单，门槛低，利润空间微薄。要想提升利润空间，荷藕产业需要更大的发展空间，创造更高附加值，向产业链高端迈进。对此，宝应县从荷藕自身特质出发，进一步扩大荷藕产业的市场影响力，积极构建"区域品牌 + 企业品牌 + 产品品牌"的品牌体系，加大"宝应荷藕"全国农产品区域公用品牌培育力度，通过培植荷仙、天禾、天成等一批企业品牌，逐步打造出"偶得""欣莲欣""千纤"等荷藕产品品牌。在此基础上，糯米藕、荷藕狮子头、藕汁饮料等多个新品种陆续投产，围绕荷藕产业逐渐打通了一条从田间到餐桌的藕制品产业链，产品创新能力得到有效提升。

目前，宝应县荷藕精深加工企业达 120 多家（其中农业产业化国家重点龙头企业 1 家、省级 4 家），荷藕制品年出口 4 万吨左右，约占全国荷藕总出口量的 70%，产品远销日韩、东南亚及欧美地区；国内与海底捞、安井、外婆家等知名品牌合作，产品主要销往北京、上海、广东等地，其中仅藕盒产品年销售额就过亿元。与此同时，组建荷藕产业链综合党委，发挥党建引领发展的关键作用，做好产业发展的监督管理。通过创新订单式、社会化服务式等联农带农联结机制，开展股份制联农机制试点，让农民全方位、全链条参与，分享产业链红利。

推动荷藕产业高质量发展

为深入贯彻落实乡村振兴战略，宝应县委决定开展"荷藕之乡"打造全国全省领先的荷藕产业，在系统回顾荷藕产业发展历程中总结经验启示，汲取专家学者先进理念，推动延长产业链、优化供应链、提升价值链。在推动荷藕产业高质量发展实践中，他们以农业产业示范园建设作为重点，围绕打造中国荷藕第一品牌，把荷藕产业作为农业支柱产业，纳入未来产业发展规划之中。

一是发展壮大特色产业。抓基础、强服务、做口碑，完善产业链，做大做强地区适宜性产业，助推村级集体经济发展。规模化经营创造了规模经济，专业化生产带来了品牌与效益。通过规模化经营，宝应荷藕产业将迎来新的发展机遇，荷藕产业发展也将迈上新的台阶。

二是积极延伸和拓展农业产业链。宝应县现代农业产业园获农业农村部、财政部认定，成为全国唯一以荷藕为主导产业的国家现代农业产业园，目前正在加快构建种植、加工、流通、观光、科研、文化一体的全产业链融合发展体系。

三是千方百计开拓市场渠道。好的产品有好的销路，才能体现自身价值。宝应县协同省莲藕协会制定荷藕行业"两牌一标五制一程""十条安全硬措施"，规范荷藕行业安全生产操作。与此同时，为推动产业发展，建立一支过硬的经纪人队伍，并成立营销专业合作社，这些举措作为提高产品市场占有率的有效手段，在提高农民群众就业率的同时，也逐步掌握了市场话语权。

一塘荷藕，"开"出一个产业；一个产业，带动一方发展。作为"中国荷藕之乡"，荷藕是扬州宝应最为重要的形象标志，也承载着当地乡村振兴的希望。宝应县围绕绿色产业，推进高质量发展，必然在创新上下功夫才能走出传统产业发展的路子。实践证明，围绕本地产业发展优势，宝应县充分发挥集聚效应，专注荷藕产业，以建设国家级现代农业产业园为抓手，规划建设荷藕产业百亿级规模，带动农村发展、农业增效、农民致富，让传统农业焕发勃勃生机，努力发展成为实现乡村振兴的模范样板。

4 / 协同发展、城乡融合的"好地方"

唱响新时代的田园牧歌

近年来,扬州始终遵循"绿水青山就是金山银山"理念,以南水北调清水通道为主轴,以淮河流域湖泊、河道、湿地为依托,创造性规划建设江淮生态大走廊,推动实施清水活水、良好湖泊保护等八大工程。三江营受汇江淮之水,是国家南水北调东线工程的取水源头。"江苏省最美特色田园乡村"九圣村便位于这里。过去这一片江岸边上有很多砂石堆场和小船厂,从外江到夹江水系不畅,内河村塘淤塞黑臭。经过环境整治之后再次来到此地,会发现到处花香四溢、河水碧清,周围居民家前屋后、道路两旁绿树成荫,新建的三江营湿地公园草木葱郁,绿意盎然,整个环境发生了非常大的变化。

凤凰涅槃:三任支书接力"绿水青山"

广陵区头桥镇九圣村位于扬州城区东南部,现在的九圣村小桥流水、绿意盎然,宁静祥和的田园气息扑面而来,一派美丽乡村好风光。位于这里的三江营湿地公园河水碧青、绿树成荫,谁能想到这里以前曾有两家油污满地的造船厂。一切的变化与九圣村的发展分不开,更离不开三任村支部书记的持续接力和对贯彻新发展理念的执着。

20世纪90年代,九圣村开始大力发展工业经济,因地处长江边,造船工业一马当先。村里先后引入东昇船厂、金三角船厂等，一时间，村集体经济风风火火。当年，第一任老支书汤书记为了当地村民致富，努力发展村集体经济，引进了造船厂项目。随着企业的发展，村集体经济也越来越红火。但红火的背后，却是污染环境的沉重代价。再到后来，进入21世纪，在村集体经济发展起来之后，乡村建设也面临着新的问题。老支书退休后，九圣村的接力棒传到第二任支部书记徐子忠手里。徐子忠担任村支部书记后，随着党的政策的调整，建设"和美乡村"的春风也吹到了这里。通过对党的政策的学习，徐子忠和党员干部逐渐意识到，之前的经济增长带来了新的问题，那就是，村里的环境受到了污染。如果以污染环境的代价来提高村集体收入，那么群众的分红就等于"分赃"，这种发展路子不能再持续下去了，保卫九圣村的绿水青山必须动真格。

2007年，九圣村的发展出现了新的转机。这一年，扬州第五水厂落户九圣村。"保护水源地"第一次写入了九圣村的发展日程。徐子忠说："要启动美丽乡村建设，必须有壮士断腕的勇气和决心，其实我们当时心里也没底。更让人头疼的是，因船厂用工用地涉及村民收入问题，确实会影响一些村民的短期利益。企业消极抵抗，村民横加阻挠。"一边是需要抓紧时间整治出新，一边是村民不理解不配合，一时间整治工作停滞不前。理不明，事就不顺。问题在前，党员站了出来。企业停工必然会使村民的短期利益受损，但必须用发展的理念看待村企业的去留问题。在当时的村支部书记徐子忠看来，九圣村只有有了绿水青山，才会有接下来的金山银山，这是事关长远的战略规划。如果不能把村民的想法统一起来，接下来的工作推进就会遇到更大的阻碍。面对这一现实境况，村支书徐子忠顶住压力，冲在前头，要求村里的党员必须发挥先锋带头作用，把村民组织起来。为了九圣村更长远的发展，现在必须作出一些牺牲，党员干部必须做好村民的工作，让村民在思想上转变过来。

万事开头难。经过了两年时间的艰难工作，在镇党委的大力支持下，九圣村先后投入1.2亿元资金，最终关闭了两个造船厂。经过了这一次的动真格，九圣村的党员干部相信，只要方向对了，绿水青山离大家就不远了；有了绿水青山，金山银山离大家也不会远。

现任九圣村党支部书记是曹军，他既是当年搬迁船厂的亲历者，也是美丽九圣村的建设者。在曹军的带领下，九圣村的蜕变故事也在大家的共同努力下继续进行着。

自从村里的船厂拆迁以后，九圣村的党员干部带领群众开始了大规模复绿工作。至 2017 年，在船厂旧址上建起了三江营湿地公园，这个公园在建设中也成功创成省级湿地公园。

经过一系列生态环境整治和修复，三江营饮用水水源地已成为江淮生态大走廊建设的先导示范区和江豚等珍稀濒危物种的栖息地，水源地水质各项指标优于Ⅲ类，Ⅰ、Ⅱ类百分比不断提升。水源地水质的改变不仅保障了扬州市民饮用水的安全，更保障了"一江清水向北流"，同时也见证着扬州推动长江经济带绿色发展的持续接力。

美好家园：绿水青山就是金山银山

九圣村要发展，只有生态美还不行，关键还要产业兴。只有生态和产业并向同进，才能实现真正意义上的宜居宜业，才能实现环境美、富百姓的目标。经过了蜕变后的九圣村，如今的产业发展有了新模样，出现了新质态。

村支部书记曹军是九圣村发展变化的亲历者、见证者，也是最有发言权者之一。"我们从生态优、村庄美、百姓富、集体强、乡风好等五个方面，紧扣产业发展，突出生态文明建设，努力打造具有水乡风貌的美丽乡村。"曹军介绍，目前村里共有 28 个村民小组，1001 户 3160 人，近年来已先后获得省级生态村、省级健康村、省级最美乡村、省级文明村、新农村建设市级示范村等多个荣誉称号，2021 年村集体收入达到 200 万元左右。2022 年 11 月份，九圣村成功入选

扬州是个"好地方"

九圣村全貌（九圣村村委会供图）

第十批次江苏省特色田园乡村名单。

现在站在九圣村村口放眼望去，一条标有红黄蓝三色线的"彩虹"穿过无边的稻田伸向村庄深处。村里绿荫成片，到处郁郁葱葱，生态环境和生活环境融为一体，呈现一种清新美丽的景象。由于注重生活环境的打造和持续改善，现在的九圣村和城市发展融为一体，城乡融合发展的成效得到充分展现。走在九圣村里的道路上，偶尔可见村民或散步或利用村里的健身设施锻炼身体，尽显和谐之美。

特色产业助力乡村振兴

产业兴旺是乡村振兴的重中之重，更是打造特色田园乡村的基础。一直以来，头桥镇被誉为"中国医疗器械之乡"，而九圣村更是头桥医械产业的主要发源地。在这里，"双菱""客乐""瑞京""长丰"等品牌享誉全国。医疗器械作为九圣村最重要的支柱产业，解决了全村80%左右村民的就业。村子里的企业发展了，村民的收入增加了，也吸引了更多村民返乡创业，反哺农业促进三产。

目前，九圣村是头桥镇两万亩优质稻米基地之一，而且依托三面环江的资源禀赋，九圣村还成为头桥镇传统的特种水产品养殖基地之一。

孔维祥是返乡创业的代表。他之所以回乡创业，正是看中了这里独特的土地资源和环境优势。回乡之后，孔维祥开始搞特色农业种植，经过一段时间的发展，已经形成规模，有了自己的特色和品牌。目前，孔维祥种植并注册的"欣业牌"无公害大米在周边有着不小的名气。在推进无公害大米种植的过程中，孔维祥带领村民采取"稻鸭""稻蟹""稻虾"放养模式，坚持只施有机肥，采用生物抑制虫害，从源头上减少农药、化肥面源污染，产品多次获得省级优质农产品称号。同时，在产品销售过程中，他充分采用"互联网＋"模式，深化农产品电商平台，有效提高了农产品的质效和竞争力。现在，孔维祥创办的翠京元公司在项目区内又流转土地150多亩，通过股份合作的方式，着重打造特色观光稻田。

村支部书记曹军介绍道，九圣村是国家大型工程南水北调东线源头保护区，处于淮河入江交汇处，也是国家"两山"实践创新基地的核心区、扬州第五水厂取水口，省级三江营湿地公园也坐落在这儿。有了这些地域上的资源优势，九圣村围绕特色产业发展，充分利用水资源的优势，把螃蟹、甲鱼、龙虾、罗氏沼虾、精养鱼等特种水产养殖发展成村里的重要产业，水面纯收益高达6000元／亩，收益颇丰。同时，为进一步发展特色产业，九圣村又通过采取"合作社＋农户"的养殖模式，依托上海淡水研究所等科研机构，建设池塘循环水生态养殖系统，完善水产养殖设施配套，发展集休闲娱乐、规模生产为一体的特色水产基地，亩均增效20%，并示范辐射带动周边养殖户增收。

生态优化给农民带来好生活

近年来，九圣村持续加大村庄环境改造提升力度，以原有的5000平方米老池塘为景观核心，保留原水产养殖功能，对水岸进行地形重塑，营造水生植物生长缓坡。西岸栽植黄菖蒲、花菖蒲等水生花卉，东岸栽植荷花，构建成极具乡野气息的滨水花园，并在岸边布设了健身器材，满足村民日常康体健身需求。

潘方富是九圣村新庄组村民，据他介绍，原来村里池塘岸边原本是一片片的杂草，水质也不好，村里村外群众是没有人愿意到这边来玩的。可现在，经过村里下功夫对池塘进行了改造提升后，如今样貌焕然一新，周围群众闲暇时都来附近散散步。目前，村里 5000 平方米的池塘每天吸引着不少本地和外地游客到附近游玩，带动了村休闲旅游产业的发展。

据村支部书记曹军介绍，近年来，九圣村聚焦"水乡""田园""生态"三大发展要素，积极在生态产业上做文章。立足生态优势，以打造优化水乡田园环境、提升公共服务水平为目标，对生态环境、原有建筑等进行改造提升，并增设健身器材、停车场等一系列便民设施，致力于打造一个集绿色水产种养示范基地与田园乡村休闲驿站于一体、富有水乡田园特色的美丽宜居新社区，真正让老百姓享受到民生福祉。曹军介绍，经过新建游园、健身广场、停车场，以及改造圩心河道、修建滨河小道等一系列举措，如今，一个具有水乡田园特色的宜居乡村已渐渐显现。

乡村振兴离开了乡土文化就没有了意义。九圣村在注重抓好生态优势带动发展的基础上，又对村里原有的部分老旧民居等建筑进行改造提升。在改造和设计过程中，进行了在地性思考，充分发挥传统文化潜移默化的影响力，将原有的老旧居民房屋墙面重新出新，并增添了以社会主义核心价值观和传承优良家风等为内容的墙头彩绘近 850 平方米，在美化环境的同时，也丰富了文化气息，使乡村环境蕴含着浓厚的文化氛围。

基础建设拓宽城乡融合发展之路

如今的九圣村一条条新修的道路又宽又平整，村里的老居民怎么也没想到，在村里还能走上这么好的路，以前是想也不敢想的。"以前哪儿能想象这么好的路会出现在农村呢？现在出行特别方便。"村里的群众一聊到村里的"彩虹"道总是发出同样的声音，而且这种欢心的感觉是发自内心的。

经过了一段时间的发展，目前九圣村以省级三江营湿地公园为核心，全面推进乡村旅游发展，进一步提升产业环境、壮大乡村产业，优化土地与空间资源配置，充分激发乡村振兴新活力，更好建设宜居宜业和美乡村。有了目标，就有了发展信心和动力。围绕城乡融合发展的新要求，九圣村的发展以三江营湿地公园、夹江主排河为依托，打造了"养田园""淦林园""怀德园""宜辛园"等9处节点公园，在"最美乡村路"通江路两侧栽种睡莲、观赏性荷藕60亩。同时，九圣村依托离城市不远的优势，不断新建新的农村公路，先后新建了6条"四好"农村路。在此基础上，为了让村民能够过上和城里人一样的生活，又先后整治了6000平方米河道，新建了200多平方米停车场，新修建了500多米滨河小道，新植7000平方米草坪，新植4000余株各类花木，同时又安装凉亭2座、曲桥60米、亲水平台48平方米等，美丽乡村的景象在九圣村得以充分体现。

城乡融合发展需要外在融合和内在融合相统一。为了提升基层治理水平和效果，九圣村把提升基建水平、改善农村基本公共服务作为推进基层社会治理工作的重点。他们每年通过上争资金、专项补助和自主经营性收入对村貌建设、村民福利待遇提高等方面进行的投入达到近350万元。目前，全村改水改厕、消灭露天粪坑无死角，污水处理设施正常运转，无线网、自来水、有线电视等入户率均达到100%。在群众活动阵地建设上，九圣村力争做到服务最大化、办公最小化，建成村级一站式综合服务大厅、文化活动广场、卫生服务中心。据村支部书记介绍，自从成功入选省级特色田园乡村后，极大地激发了该村村民向着更高、更好、更美目标迈进的信心与活力。接下来，他们将全力打造好九圣村水乡特色田园乡村的金字招牌。

华丽转身：党建引领打造魅力乡村

绿叶亭亭如玉盖，燕蝶声中香自来。初秋时分，沿着九圣村的公路前进，乡村美景次第映入眼帘，一间间农家小院整洁有序，普通的庭院成了新的景点。

在村里，有这样一个感人的故事：

在九圣村十三组，生活着孟信举一家人。孟信举的百岁母亲李以珍（于2021年病故），由于身体不好，长年卧床。孟信举和妻儿十几年如一日，无微不至地照顾老人，每天一日三餐，按时送到老人面前。他做在先、吃在后，收拾完碗筷，顾不得休息，就又拿起农具投入农忙之中。生活不容易，但是他从来没有过一句抱怨。

2012年，孟信举的妻子突患脑梗，导致后遗症，生活不能自理（于2018年病故），从此照顾母亲和妻子的重担都落在了他一个人的肩上。尽管如此，他并没有消沉，更没有怨天尤人，而是一如既往地尽心负责。他说："一个是养育我的母亲，一个是给我生儿育女的妻子，照顾她们，是我的本分与责任，我责无旁贷。"一句简单朴实的话语，道出中华民族几千年来传统美德的精髓——感恩回报、不离不弃。

在村支部书记曹军看来，在九圣村，像孟信举家庭这样的感人故事并不鲜见。勤俭朴素、孝老爱亲、诚实守信、邻里和睦，已经成为九圣村的淳朴民风。村民们在处理邻里关系时坚持"老吾老以及人之老，幼吾幼以及人之幼"的传统美德，抱着相互尊重、相互谦让的友善态度，与邻为伴，与人为善，不管谁家有个大小事情，都会主动去帮忙，这是一种淳朴的乡风，更是中华民族的优良传统。

任何事物的发展都是有因果关系的，九圣村之所以有这样的精神面貌，离不开九圣村党总支部从老书记开始的优良传统，那就是坚持"党建引领促发展，不忘初心再出发"的执着。这种执着的精神既是对乡土的眷恋，又是在一任接着一任干的村支部书记的带领下，对人民群众对美好生活向往的追求的一种信念和坚持。

面对实现城乡融合发展的新任务新要求，九圣村党总支又在积极创新党建引领新方式，细化工作方法，提出了"五个一"工作法，即一小时学习时间、一节党史课堂、一条微信推送、一次上门送课、一次集中阅读。就这样，九圣村党总支始终坚持发挥基层组织的政治功能和组织功能，注重党部思想统一，不断丰富工作载体，创新工作模式，真正把开展党的城乡融合发展的理念落到乡村振兴的实践当中，落实到推动"美丽乡村"建设和高质量发展实际行动之中。

推动高质量发展走在前列，要坚持以绿色发展和谐人与自然。近年来，扬州牢固树立"一体化"意识和"一盘棋"思想，把推进新型城镇化和乡村全面振兴有机结合起来，加快形成城乡融合发展新局面。通过合理确定村庄布局和规模，逐步形成了田园乡村与现代城镇各具特色、交相辉映的城乡发展新形态。围绕"协同发展、城乡融合"好地方建设，就像如今的九圣村一样，按照美丽宜居乡村建设的标准，在着力提升村民生活品质上下功夫。通过庄台整治、环境提升、墙面提白、景观节点的打造，村里的水清了，路宽了，景美了，村子里到处是干净整洁的环境，宽阔平坦的道路，看了让人心旷神怡。城乡融合发展的关键在于农村怎么建。建好农村，关键要组织好、发动好群众，充分运用群众的智慧和力量，推进乡村振兴战略落实到具体行动中。只有在党组织的引领下，党群齐手，一起奋斗，才能把乡村振兴战略落到实处，美丽家园的愿景也才能真正实现。

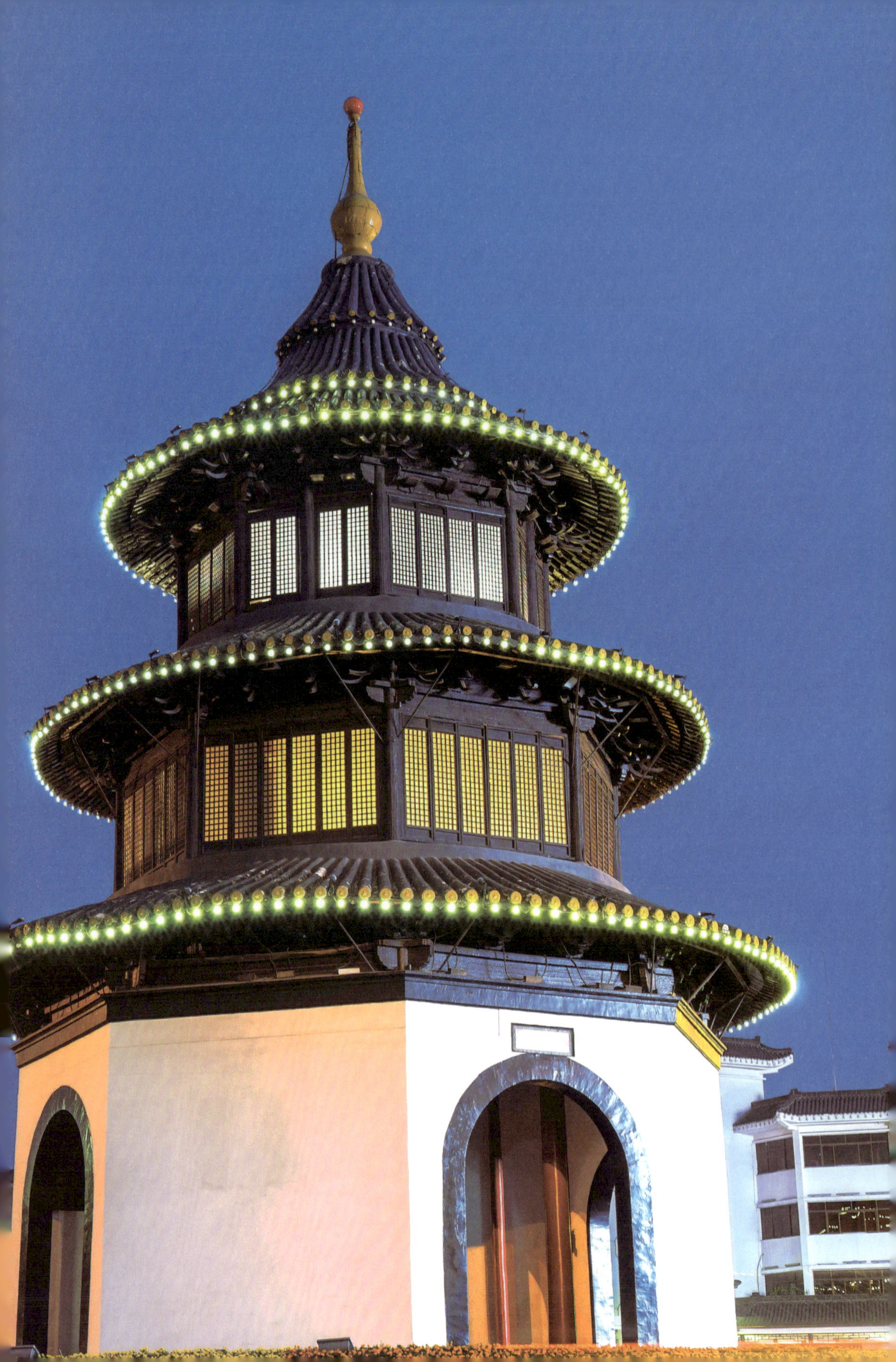

5

治理高效、人民幸福的"好地方"

社区是社会治理的基本单元，是打造共建共治共享的社会治理格局的重要基础，是提高社会治理社会化、法治化、智能化、专业化水平的重要平台，是更好解决群众最关心的问题、满足群众利益诉求的主要突破口。社区治理事关党和国家大政方针的贯彻落实，事关人民安居乐业、事关社会安定有序、事关国家长治久安，推动城乡社区治理体系与治理能力现代化是党和国家提出的新任务。

进入新时代，随着扬州城市化发展步伐加快，居民对美好生活的需要日益增长。面对日益多元化、个性化的诉求和"强富美高"新扬州现代化建设的任务，扬州坚持把习近平新时代中国特色社会主义思想作为推进新时代社区治理和服务创新的根本遵循和行动指南，不断深化改革，大胆创新，持续实践，以实施社区治理和服务创新项目为纽带，以社区为平台，以居民需求为导向，把居民参与社区治理的程度化、体系化、规范化、标准化作为衡量基层社区治理质量和成效以及居民幸福度的重要指标，着力推动社区、社会组织、社会工作在基层的深度融合发展，形成了一些好的、值得推广的经验做法，为推动"好地方"扬州建设打造了一张基层社区治理的亮丽名片。

扬州 是个 "好地方"

"小巷总理"的"大治慧"

在推进基层社区治理工作中，如何把分散和隔离的资源整合盘活起来，将党组织总揽全局、协调各方的政治优势同政府、企业、社会组织各自的优势有机结合起来，打造全民参与的开放式社会治理体系，使社会治理的成效更多、更好、更公平地惠及全体人民，成为城市基层党建和基层治理工作的主攻方向、核心任务。近年来，扬州广陵区曲江街道通过构建居民参与社区治理标准化实施体系，引导多元主体积极有序参与基层社区治理，促进法治、德治、自治有机融合，政府治理和社会调节、居民自治良性互动，从而达致有效凝聚社会共识、协调社会关系、化解社会矛盾、解决社会问题，实现"社区事务共商共治，美好社区共建共享"，打造"人人参与、人人尽力、人人共享"基层社区治理和服务创新的重要范本。

文昌花园社区是广陵区曲江街道的一个拆迁安置小区，有居民4219户，12608人。文昌花园社区自成立以来，始终在工作中坚持以居民需求为导向，以党建促社建，以民主促民生，以创新促创优，在实践中履行"老百姓说好才是真的好"的工作理念。文昌花园社区有一个居民都耳熟能详的热线电话，这个电话号码就是社区党委书记、主任郑翔的电话。就是这个看似普通的电话，每天都牵着社区里的"大事小情"，居民们都亲切地称之为"社区110"。谁家有个家庭矛盾、邻里纠纷，大家首先想到的是拨打"社区110"。遇到这些问题，郑翔总是想方设法协调解决，化解矛盾。"社区110""拼命三娘""小太阳"……这些都是郑翔身上的"标签"。

在17年的社区工作中，郑翔一步一个脚印，用执着、韧劲和智慧，把一个被人看不上的安置小区打造成了远近闻名的和谐幸福社区。近年来，文昌花园社区先后获评"全国文明社区""全国和谐示范社区""全国民主法治示范社区"等20多项国家级荣誉。郑翔先后获得"全国优秀党务工作者""全国先进工作者""全国小巷总理之星""全国模范小巷总理""江苏省优秀共产党员""江苏十大女杰"等称号，郑翔社区工作法获评"全国100个优秀社区工作法"之一。

2005年，新成立的文昌花园社区成为扬州最大的拆迁安置小区。该小区集中了3750多户拆迁安置家庭。曾有一段时间，文昌花园社区是扬州出了名的"三多三难社区"。小区地偏人杂是非多。在这里，困难家庭多，群众生活难；矛盾纠纷多，凝聚人心难；不良现象多，文明和谐难。面对这些突出问题，这个"烫手山芋"怎么办？组织上想到了郑翔。

"老百姓说好，才是真的好"，履行上任时的这一句承诺，使社区党委书记、居委会主任郑翔始终情系社区的和谐、老百姓的幸福，在此基础上，创新探索了社区工作法，并在全市推广。十几年来，郑翔始终心系群众，哪里有困难、哪里有需要她就出现在哪里，是群众最爱的"小巷总理"。

郑翔工作法以"三字经"的形式加以浓缩提炼，分为四个部分。"抓党建、开新路，个性化、建支部，选代表、中心户，筑堡垒、形象树；抓服务、求贴心，温馨卡、便居民，一一零、拨就灵，托老所、笑盈盈；办报纸、吐心声，评议台、是非明，义工队、万家情，艺术团、织缤纷；抓创新、闪光点，跟时代、新观念，恳谈室、解疑难，家门口、展笑颜，错时制、透心甜。"郑翔社区工作法形成以来，逐步实现社区治理从"要我参与"到"我要参与"的转变，社区呈现新面貌、新风尚、新气象。"三字经"工作法使社区服务和管理呈现更加"特色化、网格化、多元化、模块化、项目化、专业化"的特点,更好地满足了社区老百姓日益增长的美好生活需要,也成为文昌花园社区干部做好新时代基层治理工作的操作手册。

发挥党建引领作用,筑强战斗堡垒

发挥党建引领的核心作用,必须注重思想上的统一。思想决定行动,只有从思想上真正统一,才能在行动上把党的路线方针政策和各项工作部署落到实处。近年来,文昌花园社区坚持社区治理工作要贴近居民群众需求的工作导向,充分发挥党建工作的思想引领作用。

一是注重组织创新,搭建特色载体。通过创新组织形式,汇聚了更多力量加入社区治理队伍中来。在工作实践中,社区结合党员的年龄特征、从业特点、个人特长设置特色党支部,有效聚拢更多能人党员,充分发挥这些能人力量为社区发展出点子、想办法。通过以特色党支部引领特色公益性服务活动,吸纳和聚拢了更多爱心人士参与到社区治理和建设当中来。不断创新组织设置模式,充分发挥特色载体作用,在此基础上,立足社区工作实际,建立志缘、业缘、趣缘、情缘"四缘型"党组织。这一设置模式将全体党员纳入 1 个党总支和 7 个特色党支部(创业者党支部、党员义工党支部、夕阳红党支部、商业街党支部、老干部党支部、社会组织联合党支部、全民健身党支部)之中,从而在创新组织设置模式中为每一名党员都能找到适合自己的舞台,进而汇聚起党员先锋发挥引领作用的强大合力。

二是注重"党员中心户"牵引,密切党群联系。为把党建引领作用落实落细,社区通过"党员中心户"制度这一新形式,在全社区遴选出 30 户党性观念强、服务意识强的党员家庭作为"中心户"。每个"中心户"就近联系 10 多名党员、30 户左右居民,形成"党委-党支部-党小组-党员中心户"的网格脉

"四缘型"党组织(曲江街道办供图)

络。该网格通过实施"开放式载体""空中式学堂""体验式讲堂"三步走工作体验,充分发挥"党员中心户"联系服务群众的作用;通过开展"我是党课主讲人"等形式,充分利用"党员中心户"提升社区党组织凝聚力;通过发挥"党员中心户"的牵引作用,及时把党的二十大精神和习近平新时代中国特色社会主义思想宣传到社区群众身边,进一步增强了党的创新理论学习教育的针对性和时效性。

三是注重发挥先锋率领,提升服务效能。先锋率领作用的发挥首先要体现在基层党组织服务功能的健全和完善上。在推进基层党组织服务功能建设中,社区通过设立"雷锋信箱"、开展党员"三带"活动(社区党员发挥自身的作用带好一个家庭、带优一帮邻居、带活一片区域,楼宇党员带头创业、带好团队、带活楼宇)等形式,以暖心的服务态度、贴心的服务举措,在助老、助残、助医、助困、助学等工作中彰显服务的力量和价值,推动党组织、党代表、党员志愿者融为一体,搭建基层党组织引领群众共同参与社区治理的实践平台。

四是注重项目先行,汇集共建合力。党建引领基层治理的意义,在于为基层治理工作提供更好的创新和发展空间,形成更加便利的工作机制,营造积极向上的文化氛围。文昌花园社区自 2015 年启动实施党建项目化建设以来,每年围绕党建重点领域，通过召开党员代表会、党建联席会、协商议事会，采取"五议工作法"，充分征求居民和党员的意见和建议，在此基础上，先后制定、完成、升级了"家门口饭碗""鸿雁归队""五微平台""红色精灵"等20多个党建项目。这些党建项目通过开展具体的活动，让群众真真切切感受到"身边有党、党在身边"，进一步增进了党同人民群众的血肉联系，增强了党的向心力、凝聚力，深化了党群融合度，夯实了党在城市社区的执政根基，提升了党组织领导城市基层治理水平。

细化服务工作流程，畅通联系群众渠道

全心全意为人民服务是党员践行党的性质和宗旨的直接体现，也是党员走好新时代党的群众路线的最佳方式。从文昌花园社区的治理成效来看，通过聚焦困难群众、做到服务先行，聚焦特殊群体、做到服务先想，聚焦群众关切、做到服务先试，聚焦社区发展、做到服务先创的"四个聚焦"工作模式，组织开展社区治理工作，在实践中搭建联系群众的平台载体。通过平台载体创新社区工作方法，以此形成一个联系纽带，将党委、政府关于基层治理的理念和方针政策及时落到实处，把问题解决在社区群众的需要处。

一是以精细服务做到民求我应。社区党委书记郑翔一上任就着手制作了4000多张"温馨服务卡"，卡上印有自己的电话号码。为做到民求我应，郑翔坚持每天到居民家中走访，与居民拉家常、交朋友，每到一户就留下一张"温馨服务卡"。在一年多的时间里，郑翔跑遍了社区的所有住户，完成了3000多户的户情调查，写下了10多万字的户情资料，真正做到了"户户制表、幢幢立账、楼楼建档"，社区和居民状况"一门清"。只有了解了群众真正需要什么，才能知道自己工作该做什么。随着与居民的距离越来越近，郑翔的"110手机"电话越来越多。每年除夕夜，每当千家万户团圆的时候，也是经常会出

现问题的时候。对此，作为"小巷总理"的郑翔，总是在奔波忙碌中解决群众遇到的一个又一个困难，以精细化服务守护着社区老百姓都能够过上幸福祥和的团圆年。在郑翔看来，作为"社区110"，社区老百姓就是她的家人。"小巷总理"的责任就是要树立"服务时间全天候、服务对象全方位、服务内容全覆盖"的"三全"服务理念。为此，社区建立《社区公共服务目录》，为居民提供了9大类57项便利服务；通过构筑"社区110""民情搜集站"等联系服务群众绿色通道，畅通群众诉求表达渠道；通过打造24小时技防监控防护网，建立对夜归人员实行护送制度，全方位为居民生活提供公共安全服务。

二是以完善网格服务做到民忧我解。完善基层治理网格化管理模式，可以实现群众的自我管理、自我服务、自我提升，使"小事不出社区，大事不出镇街，矛盾化解在基层"的新时代枫桥经验得到充分运用，能有效解决社区治理中的难点、痛点、堵点问题。文昌花园社区的网格化治理模式，坚持善治治理理念，坚持以网格为基础单元，凝聚多方力量，拓展多元主体共驻共建，形成了"一核多元组团"的社区治理架构，推进居民自我管理与自我服务。社区将所辖范围内的131幢居民楼划分为11个网格，由社区工作人员担任网格长，每个网格由2个"党员中心户"、20名左右党员、30名左右志愿者共同管理，横纵到位，做到人员全覆盖。在推进网格治理工作中，

郑翔向居民发放自己的"温馨服务卡"（扬州市广陵区纪委供图）

> **扬州**是个"好地方"

社区工作者依托"智慧社区网格管理平台",借助移动客户端做好民情记录,第一时间了解群众需求并予以反馈解决,实现"人在格中,事在网办"。成立由党组织、居委会、业委会、驻区单位、社会组织、居民代表等多方参与的社区治理委员会,建立轮值制、联席会等载体,推行"提议、合议、群议、决议、评议"的"五议工作法",推动基层协商民主进程;变社区居民和利益相关方的被动接受为主动参与,提高各项决策公信力,实现"民事民意民受益";建立开放空间、圆桌会议、居民论坛等新治理载体,规范"民情恳谈、事务协调、工作听证、民主评议"等基层协商会议,提升了居民参与度与贡献力;通过"智慧社区管理系统",将社区内人、地、物、车、事、组织信息等内容整合汇聚成"信息池",流动人口、特殊人群底数清、情况明,实现信息共享,有效提升信息准确性和资源利用灵活性,降低社区管理成本。

三是以细化专业服务做到民困我帮。专业化服务需要专业化人才。社区治理的重要性越来越需要更多的年轻化、专业化人才的加入,才能进一步夯实基层治理根基,提升基层治理效能。在推进基层治理工作中,文昌花园社区坚持以人才建设为引擎,通过释放创新动力和专业活力,进一步提升了社区治理的现代化水平;通过梯队建设,积极引导年轻干部投身各种工作实践之中,在实践中提高素质,增强技能,增长才干;通过系统化培训,探索实施"全科社工"服务,推行"前台即办"或"前台受理+后台办理"的服务模式,以"多专全能"的"全科社工"值守进一步提升工作效率;通过优化实践教育资源,成立以社区干部培训学院为平台,致力打造扬州乃至全国社区干部培训的"黄埔军校",进一步提升服务效率。在具体工作推进实践中,社区着力将持证社工、热心公益的律师和心理咨询师等专业人才整合起来,成立了"e邻"社会工作事务所,形成了社会工作专业机构统筹,社区社会人才工作室配合的服务架构。"e邻"社会工作事务所负责本辖区的公益团队组建、居民需求对接、公益项目规划与拓展、公益项目执行等事宜。每个案主在这里都拥有独立档案,从接案到服务到评估再到最后结案，相应的服务流程与资料一应俱全。

四是以运用智慧化服务做到民需我做。当前，通过数字赋能是促进基层治理精细化和便民服务智慧化的有效途径。智慧化服务是充分应用大数据、云计算、人工智能等信息技术手段，整合社区各类服务资源，打造基于信息化、智能化管理与服务的社区治理新形态。文昌花园社区立足老小区实际状况，充分考虑小区居民对便利化生活的现实需要，积极推进数字化赋能社区治理工作。社区在全面建立社区官方微信、社区微信公众号的基础上，依托集线上线下服务联系功能于一体的"智慧社区综合服务平台"，其涵盖"民政相关""社会保障""计划生育""残联事项""安居福利""党建""城管"七大类服务项目，实现居民想要办理哪类事项，点击相应类别就可以完成服务申请。通过引进"O2O"连锁企业入驻社区（汇银家电），社区居民在家门口就能买到各种低于超市价格的蔬菜水果、粮油米面、日化用品、家用电器等。手机点一点，物品就能送上门。从老小区人员状况复杂的特点出发，积极推行错时服务、"四位一体"全新养老模式、"家门口饭碗"工程，成立工疗站、慈善超市、托老所等，为社区老、困、幼、残等群体提供全方位服务。

创新多元治理形式，满足群众多样化需求

推进基层治理工作，坚持以党建引领作为根本路径，以服务群众为核心任务，必须通过激发多元治理主体的积极性，提升基层治理活力。近年来，在推进社区治理工作中，文昌花园社区通过有效整合社区内外资源，汇聚各类力量，推动社区治理工作实现全面发展。

一是充分发挥社会组织的积极作用。当前，随着社区居民需求多元化、复杂化和个性化发展，邻里矛盾、家庭纠纷、物业纠纷事件等社区矛盾纠纷越来越成为社区治理工作的难题，基于此，社区社会组织逐步成为完善社区矛盾纠

纷的民主协商重要机制之一。近年来，在充分考虑文昌花园社区作为拆迁安置小区，小区内低收入家庭多、下岗失业人员多等现实状况的基础上，社区通过搭建"社会组织之家"孵化平台，成功培育了38个成熟的社会组织。如，"家门口饭碗服务社"就有效解决了一些下岗失业人员的就业难问题。另外，通过鹊桥工作站、社区学院等组织有效解决了社区群众不同层次、多样化的生活需求和发展需求。同时，社区建立了具有综合服务功能的区域化、枢纽型"社区社会组织服务中心"，并在此基础上进一步创新社会管理机制，通过建立以社区为平台、社会组织为载体、社会工作人才为支撑的"三社联动"机制，促进社会组织和社会工作人才依托社区实现融合发展。从2014年开始，社区就积极开展国家、省、市、区四级民政部门组织的公益创投活动，经过多年努力，先后获得了30个各类公益创投项目，累计获得公益资金近300万元，确保了社区社会组织的正常化运营。

　　二是调动不同主体力量积极性形成可持续发展的服务模式。社会治理是一项重要的涉及民生工作的实践，如何形成管理有序、服务完善、文明祥和的社会生活共同体，是基层社会治理的重点。居民参与治理既是社区治理的重要主体，更是构建基层社会治理体系的重要基石。社区参与式治理，是以社区为载体，社区相关利益方按照程序规则，在自愿互利、合作互动的基础上，对共同关心的社区事务，通过平等协商形成共识、达成一致行动的治理模式。在基层治理实践中，只有有了不同主体力量的积极参与，才能更好地表达诉求、促进各方面的沟通，从而推动基层治理问题的解决。基层治理只有各个社会主体力量参与其中，也才能在维护自身利益与公共利益的过程中，有效培养自治能力，推动基层治理更加科学化。近年来，扬州采取多种形式提升居民自治能力，实现自我治理功能的真正回归，夯实社会治理的社区（村）基础。通过寓管理于服务之中，使社区（村）成为社会治理的综合性平台。文昌花园社区积极创新居民参与基层治理工作实践，为搭建居民参与平台、激发居民参与社区治理动力，形成了"一启二提三稳"动员参与工作法，得到社区居民认可，工作方法也在实践中不断推广开来，取得了比较好的基层治理效果。所谓"一启二提三稳"动员参与工作法，即居民对社区治理的参与呈现不同层次，相应层次的参与形式和程度亦不尽相同，应合理划分前期、中期和后期三个阶段，对应为"启、提、稳"三个重要环节，每个环节对应两个步骤。六个步骤发挥着不同作用，以此逐步推动居民参与基层治理，形成你中有我、我中有你的可持续发展模式。

三是采取分层实践工作推动居民有序参与基层治理。习近平总书记指出，一个现代化的社会，应该既充满活力又拥有良好秩序，呈现出活力和秩序的有机统一。① 在推进基层治理实践中，为进一步夯实基层基础，提升基层治理效能，文昌花园社区通过针对社区存在的治理问题和居民存在的治理需求开展深入研究。一方面回应居民切身需求吸引居民尝试参与，提升居民参与热情，另一方面挖掘居民参与优势，展现居民参与成效，提升居民参与信心，从而对居民参与社区治理进行直接推动。通过项目购买等方式引进社区治理先进地区"专业社工+专家督导"的力量，一方面提供指导协助推进社区治理，保障决策科学方向正确，另一方面直接参与共同开展社区治理，保证进程迅速效率提升，从而为实现推动居民参与社区治理提供有力支持。通过设立网格长、组长和楼栋长，形成"社区－网格－楼栋－家庭"四级社区治理格局，一方面准确接收和传达上级政策要求，推动上级政策在基层落地实施，实现化繁为简，另一方面广泛挖掘和汇聚社区资源资本，促进资源资本为社区提供支持，实现积少成多，从而为实现推动居民参与社区治理打下坚实基础。在此基础上，以行动实践、专业智囊加网格服务的工作思路，落实到具体工作中，既可在宏观层面调动社区资源，发动全体社区居民关注和参与社区治理，也可在微观层面打造典型示

---

① 《习近平谈治国理政》第四卷，外文出版社2022年版，第338页。

范，号召楼道每户居民参与建设自家楼道，最终实现推动基层治理有序开展，共同实现"共建共治共享"的治理目标。

推动社区文化建设，倡导社区发展文明新风尚

社区文化建设的意义，在于为基层治理工作提供更好的创新和发展空间，形成社区建设和谐有序、积极向上的文化氛围。之前，文昌花园社区存在上访户多、矛盾尖锐等诸多问题，邻里之间经常因为小事而斤斤计较、互相指责，甚至有的居民把对社会、对单位的不满化作过激行为，严重影响社会和谐稳定。针对这一情况，社区在每个楼栋设一名志愿者，负责各个楼栋的矛盾纠纷排查化解工作，做到矛盾不出楼栋、纠纷不出小组、冲突不出社区"三个不出"。通过社区矛盾调解工作站的受理、咨询和调解，形成大调解机制，社区矛盾纠纷逐年减少。进一步创新、丰富志愿服务内容，实行志愿积分，扩大社区志愿者服务队，在社区形成我为人人、人人为我的良好氛围，促进了社区的和谐。具体而言，文昌花园社区的做法从几个方面彰显了推动社区文化建设的意义。

一是营造党建文化，夯实社区基础。通过营造社区党建文化，促进社区居民对党的思想上的认同。在社区内，每个党员亮出社区党员信息，形成居民对党员工作情况的常态化了解。为增强社区文化建设的感召力和影响力，大力推进文化惠民和精神文明建设，在每个培育的文艺骨干和文化团体中，充分挖掘"草根"明星和身边好人典型，通过文艺骨干和典型人物引领，推动社区党建文化大繁荣和精神文明建设结硕果，形成人人参与社区建设，共建幸福社区的浓厚氛围。社区通过在社区居民聚集地设置居民阅读角等形式，让居民就近阅读各种书籍，形成社区党建文化氛围；通过定期举办红色党课，进行红色主题教育，营造社区红色文化，夯实社区党群基础。与此同时，针对不同楼栋住户特

点和关注度的差异化，设置不同的楼栋党建文化主题，进而在此基础上形成楼宇党建特色文化。

二是营造互助文化，提升社区温度。社区注重培育选树典型，树立先进标杆，每年都要对辖区内的和谐家庭、好邻里、优秀志愿者、优秀党员、最美文昌人等进行评选表彰。通过能人讲坛、演讲比赛、主题讨论等方式，用身边人说身边事，用身边事教身边人，掀起争当先进、做文明居民的浓厚氛围。立足拆迁安置小区的实际状况，社区发动党员与生活困难居民结对，帮扶解困，暖了人心；开展微心愿活动，汇聚社区力量，鼓励社区群众相互关爱，共建幸福家园，传播了爱心。在社区党委的倡议号召下，党员带头，鼓励邻里开展"见面主动微笑一下""随手敲门问候一声""顺便搭手帮助一把"行动，促进党员家庭与同一楼栋或同一网格内的困境家庭结对帮扶，定期探访，让上述的"三个一"行动落地，体现了社区温度。

三是营造共融文化，促进社区发展。社区共融文化的营造程度越高，居民开放度就越高，彼此信任感就越强，社区关系就越紧密。对此，社区通过定期开展形式多样的主题睦邻活动，如百家宴、风俗聚会等，有效促进居民之间相互认识、相互了解、相互帮助。立足社区群众实际和特点，精心设计和编排针对性强、群众喜闻乐见的特色节目，引导社区居民群众养成良好的文明习惯。通过周末剧场、社区艺术节、科技节和读书节等形式，组织学员进行教学成果展览、艺术展示、生活服务技能竞赛等活动，做到小活动天天有，特色活动周周有，重大活动月月有，切实增强社区的影响力、感召力和吸引力。

四是营造创新文化，焕发社区活力。社区党委要求党员在社区工作中发挥带头作用，不断创新工作方式，调动社区群众积极参与社区活动，为共建幸福家园建言献策。通过倡议公益捐赠、资源投入、行动实践等活动，社区群众参与社区活动的主动性不断增强。针对不同群体，建立少儿科普室、敬老体验室、图书阅览室等多种载体，开展模块化教育。抓定向教育，打造社区学院、阳光

扬州 是个"好地方"

学堂、市民学校、老年大学、科普学堂、道德讲堂、法治学校等社区教育平台，组织开展文明礼仪、科普法制、廉政文化等知识讲座，通过宣传栏、致居民的一封信、《和谐文昌报》、《文昌诗歌集》等宣传载体，图书阅览、电子阅览等形式，向居民群众传播健康文明生活常识，形成全员学习、自觉学习、终身学习的良好风尚。

郑翔社区工作法顺应社会结构新变化，在实践中形成，在探索中提升，把力量凝聚到党组织周围，把工作开展到楼道小巷，把真诚服务送到百姓身边，把党的温暖带到群众心坎，以到底到边、落细落小的务实作风，推动社区党建工作的全面覆盖、落地落实，是对文昌花园13年创建工作的凝练和总结，是习近平新时代中国特色社会主义思想和以人民为中心的发展理念在基层社区的生动实践。

郑翔社区工作法在推动基层治理工作中带来了深刻启示。

一是只有凝聚有力，才能担当有为。紧紧抓住党建工作与重点工作的结合，在日常工作中发挥好党员先进作用，体现党员模范价值，方能彰显基层党建的生命力。实践证明，社区党组织只有不断强化"四个意识"，推动全面从严治党向基层延伸要求落细落实，城市基层党组织和党员队伍才有凝聚力、战斗力、执行力、影响力，棘手的难题才能破解，矛盾才能解决，难的事情才能办好。

二是只有走近民心，才能赢得民心。社区党建工作首先要将党员群众的急难愁盼记在心里，落在行动上，放在目标最前面，群众满意度与获得感有所提高，党建工作才真正落到了实处。实践证明，只有始终带着群众感情，把群众遇到的急事、难事、烦事当成自己的事情来做，时时为民着想，处处为民解忧，对群众"有求必应"，群众才会"一呼百应"，把党的政策要求变成自觉行动，一心一意听党话，坚定不移跟党走。

三是只有真诚共建，才能同频共振。社区资源少、争取支持难，"背靠大树""同舟共济"就不难。社区党组织既要善于"盘活"资源，又要善于"激活"资源、"育活"资源。实践证明，只有用设身处地的换位思考打动各方力量，用平等对待的真诚付出融洽共建关系，驻区单位才会更加重视社区、社会组织才会充分依靠社区、各方资源才会主动投向社区，最大限度形成工作合力。

扬州 是个"好地方"

"党建红盟"展现城市基层治理新图景

社区是城市基层治理的基本单元和关键环节，事关人民群众切身利益，社区治理工作也集中汇集了社区基层群体的愿望与诉求。基层治理工作要充分把社区工作作为党和政府联系居民的桥梁和纽带，凝聚人心、服务群众、促进和谐。近年来，扬州坚持大抓基层的原则，注重充分发挥社区基层党组织在社区治理中的作用，将党建引领社区治理作为一件大事抓实抓牢，推动组织触角扎根、资源力量整合、规范制度健全、服务质效提升，让民生幸福的成色更足。各基层党组织在具体工作实践中，坚持以社区治理与服务创新项目为抓手，积极打造社区治理工作新阵地，搭建党群心连心议事平台，充分发挥党建引领作用，以小切口做优大民生，积极解决基层社区居民的"急难愁盼"，让居民群众的获得感、幸福感、安全感更加充实、更有保障、更可持续。

党建引领"三社"融合，红盟助推社区治理

扬州邗江区双桥街道的前身是双桥乡，是扬州市委、市政府所在地，地处扬州的行政核心，具备得天独厚的资源优势，驻区单位比较多，包括扬州大学、工商银行扬州分行、农业银行扬州分行等；双桥街道8个社区党群服务中心均衡分布在7.4平方公里的服务区域内，与各类驻区红盟单位形成了良性互动。以

5 / 治理高效、人民幸福的"好地方"

华懋、中集、万象汇等商业综合体为主的文昌西核商圈，成为全市的商贸轴心，并以其强大的辐射带动力驱动秋雨路、四望亭路等商业街区实现了经济发展的大幅度提升。以扬州大学为主体的教育资源形成了全市的文教中心，与扬州戏曲园和多所中小学等教育机构形成了区域资源互补。在瘦西湖畔，独角兽企业"优客工场"，以共享办公为服务理念，为大量创新、创业的新兴企业提供共享、孵化、提升的空间，成为市区的科技重心。

但是也应该看到双桥街道人口密集，辖区内有25027户，人口近8万人的现状。街道既有高档住宅小区，也有城中村，是城乡接合型镇级行政建制区，社区治理既有繁杂的历史遗留问题，也有新时代层出不穷的新挑战，治理任务艰巨。

党的十八大以来，双桥街道党工委按照邗江区委、区政府和扬州市民政局要求，先后启动社区公共空间和公共设施建设，各社区养老公共服务设施实现标配；以社区社会组织培育为抓手，建成并委托第三方运营的街道社会组织培育发展中心，社会组织在社区治理中的作用得到初步显现；全面推广"全科社工，一门受理"，三社联动的架构初步建成；组建跨"条""块"的党建红盟，有效破除社区治理资源分布不均、发展不平衡问题，实现社区治理的区域融合。

2018年6月，双桥街道区域化"党建红盟"正式成立，70家单位成为首批会员单位，12家常务理事单位组建了"党建红盟"理事会，具体负责"党建红盟"的日常运转，推动服务走进网格，共建"红色连心桥"工程，构建区域党建"朋友圈"。截至2021年，"党建红盟"已经运行三年，会员单位由70家增长到98家，在红盟服务框架下，68个红色基点和18个红盟微家已经投入运行，党建红盟真正形成了实体化运行，"党建工作实效化、区域资源共享化、工作机制联动化"的发展目标已经初具成效。

从"党建红盟"成立至今，街道党工委一直致力于"党建红盟"阵地的建设工作。一方面与社区党建阵地建设相结合，在社区优先实现"党建红盟"阵

扬州 是个"好地方"

地的全覆盖，在各社区党群服务中心设置了"党建红盟"服务阵地，在虹桥社区完成了"区域化党建红盟工作室"的建设工作，为"党建红盟"筑牢阵地基础。另一方面，与会员单位的阵地建设相结合，在会员单位内部开辟"党建红盟"品牌展示和服务展示区域，把"党建红盟"品牌和会员单位的党建工作同步推进，已经完成了邗江烟草、紫金银行、优客工场、大地幼儿园等会员单位的融合建设工作。此外，与网格党建阵地建设相结合，在推进网格党建阵地建设的同时，同步在网格内建设"红色基点"和"红盟微家"，让"党建红盟"的服务资源在基础网格落地生根。目前，以五治融合馆、红盟林为代表的"红盟微家"已经投入运行，"党建红盟"的服务基础得到了进一步加强，品牌形象得到了进一步提升。

在"党建红盟"中，所有的成员单位共同组建了一个微信群，大家可以随时随地发布自己的需求清单、资源清单和项目清单。"辖区内一户贫困户有瘫痪病人，我们社区打算去慰问帮扶，有同行的吗？""我们派专业护工跟你们一起去吧！"石桥社区在"党建红盟"微信群里发出的邀请，立马得到了东方医院的响应。在病人家中，来自东方医院的护士与护工为患者进行了全身检查和推拿按摩。"寻医问诊、病人救助是我们医院的强项，有了'党建红盟'这个平台，让我们有了更多服务的机会。"东方医院党支部副书记介绍说道。

像东方医院一样，四季园派出所、市城建监察支队、市烟草局、市中级人民法院等70多家会员单位打破区域界限和行业藩篱，组建了医疗、教育、文化、法律等10类资源库，通过认领党建服务微任务、发布项目清单真正构建起了"全域党建"新格局。双桥街道党工委副书记介绍道，"党建红盟"各单位通过联合行动，让本来闲置的社会资源充分流动和共享，从"围墙内"走向"围墙外"。同时，街道将党建"朋友圈"的扩展与社会形态紧密契合，进一步向党组织和党员联系服务群众拓展，推动组织联建、资源共享，打造利益共同体、服务共同体、奋斗共同体，将"抱团出击"的力量和影响力不断扩大。

双桥街道探索构建社区"党建红盟"一核多元共治体系，以社区"大党委"为核心，带领社区居委会、业主委员会、驻社区企事业单位、社会组织、志愿者等多元主体共同参与社区治理，通过强化社区党组织的政治功能和组织功能，充分发挥党建引领作用，有效提升了社区服务效能，在破解城市基层党建难题方面取得了良好效果。

"党建红盟"一核多元共治体系聚焦社区治理资源不足这个短板，以社区治理创新克服社区治理资源不足短板，通过创新区域党建红盟平台、社区公共服务空间和服务设施平台、社区居民服务需求转介平台、社会组织培育发展平台、区域红盟时间银行网络服务平台，克服社区治理资源分布不均衡、发展不充分的缺陷，切实满足社区居民服务需求，建成和谐社区。通过创新社区治理服务需求转介这个平台，克服社区治理服务需求供给与服务需求之间的信息不对称，实现社区治理服务需求与治理供给之间的无缝对接；通过创新"专业社会工作者＋志愿者""专业社会工作服务机构＋志愿服务组织""专业社会工作服务＋志愿服务"，以微小的政府购买专业社会工作服务为杠杆、以志愿服务为支点，撬动社区治理有效运作，实现"1+3+3"社区治理融合创新，力争率先在社区治理重点领域和三社联动关键环节的改革上取得突破，形成可推广、可复制、可借鉴的经验成果。

组建"1+3+3"社区治理融合模式

在创新社区治理工作中，双桥街道探索组建并运行一个线上线下相结合的区域"党建红盟"，搭建三个平台，形成三支队伍，实现党建引领"三社"联合、红盟助推社区治理的社区治理与服务融合机制，不断满足社区居民服务需求，提高了社区居民幸福指数。

一是组建一个区域党建红盟。就是通过组建线上与线下相结合的区域"党建红盟",实现会员单位以社区党组织为中心的资源联享、活动联搞、党员共管、组织联动目标。在具体工作进程中,双桥街道与驻区各单位携手成立双桥街道区域"党建红盟",建立联席会议制度,通过微信群将各会员单位依社区分布分别编入8个社区"连心桥"支部。该联盟以社区为核心,不断延伸工作半径,进而画出党建"同心圆",以打造"接地气、聚人气、有生气"的党建联盟和治理联盟,进一步研发并运行具有志愿服务兑换功能的"党建红盟"暨时间银行网络系统,以此实现区域"党建红盟"的线上与线下结合。

二是搭建三个平台。三个平台功能各异,但各有特点。第一个平台为社区居民服务需求集中受理与转介平台,该平台充分发挥以社会组织为核心的党建红盟会员单位资源优势,努力实现社区居民服务需求全覆盖、全满足。第二个平台为社区公共空间平台,该平台充分发挥社区公共空间资源优势,实现红盟社会组织公益资源无障碍落地和基层党组织对公益服务监管的全覆盖。第三个平台为社会组织孵化中心公益资源链接平台,该平台充分发挥红盟社会组织资源整合优势,实现公益服务供给与公益服务需求的无缝对接。

三是形成三支队伍。三支队伍各司其职,各显其能。第一支队伍为专业化的社区社会工作者队伍。该队伍职能表现为,切实提升社区党组织的服务能力与对会员单位公益资源的整合利用能力,把党组织的触角延伸到居民小区的每一个角落,形成横向联合、纵向整合、动态调整、全面覆盖的区域化党建格局。第二支队伍为专业化的社会组织专职社会工作者队。该队伍职能表现为,切实提升社会组织的专业化社会工作服务能力与对辖区内会员单位和其他单位公益服务的示范引领,并建立"三社联动"机制,进一步明确社会组织、社工参与社区管理服务的主体地位,推动社区党员群众服务中心、社区社会组织、社工等各种资源得到有效整合,工作效率得到提升。第三支队伍是以会员单位及其志愿者为核心的志愿者队伍。该队伍职能表现为,充分发挥会员单位及其志愿者的示范引领作用,克服社区治理与志愿服务人力资源匮乏瓶颈,并在工作推进中根据社区居民构成，以党员骨干为"龙头"，培育不同类型、不同层次的社区志愿服务组织，将居民急需的服务需求，可为民服务的各类专业人才、志愿服务团队、可利用的服务设施进行全面梳理、分类建档，促进居民由接受帮助向帮助别人转变，由"被动管理者"向"主动参与者"转变，凝聚和调动了社区居民参与社区治理的热情。

充分发挥公益服务项目资源力量

街道党政办制订印发了《邗江区双桥街道关于进一步推进三社联动的实施方案》《邗江区双桥街道社区公共空间开放管理办法（试行）》等文件，以此激发社会组织活力，充分发挥公益服务项目的资源优势，推进三社联动工作开展的广度和深度。就现实情况来看，当前，社区居民在生活上存在不同的实际问题，需要通过各方力量得以有效解决，例如，社区内独生子女因意外死亡的老人生活问题。这些老人因子女意外死亡后，精神上受到不同程度的打击。针对这种情况，社区公益服务发挥了重要作用。

一是进一步加强社工队伍建设。做好失独家庭公益服务工作，需要提升专业服务标准和水平，更需要有专业化的社会组织和社会工作者参与其中。为此，社区公益服务工作就要求更多的社会工作者具有丰富的关于老年人生理、心理健康等方面的知识，以及老年人社会生活方面的基本常识。对此，双桥社区"十姐妹"义工队充分发挥义工队成员女性较多的优势，组建起常态化的社区志愿者队伍，以"柔性工作特质"与失独家庭老人接触沟通，得到了失独家庭老人的欢迎，赢得了群众的称赞。同时，为进一步解决"十姐妹"义工队成员专业化服务水平不高的实际问题，街道社会组织孵化中心发挥了重要的指导作用。该中心一方面积极引进专业社会工作者，让这些专业化人员加入"爱相伴，心相随"失独家庭关爱活动中；另一方面对"十姐妹"义工队进行系统化的专业培训，通过培训提升"十姐妹"义工队成员工作的专业知识和技能。目前，经过培训和实践操作，"十姐妹"义工队的专业水平和服务质量得到了很大提升，其所有成员基本能胜任相应的公益服务工作要求。下一步，街道社会组织孵化中心将通过公益服务的实践探索，进一步总结经验做法，加大人员队伍建设力度，完善服务流程，逐步实现公益服务工作规范化、制度化和日常化，提升工作效率和效能。

二是加强社区平台建设。为更好地服务失独老人家庭生活，提供更好的公益服务环境，双桥街道在双桥社区服务中心特别开设了"爱相伴，心相随"工作室，精心为社区老人营造幸福家园。双桥社区原本有多个为老人服务的功能室，如图书室、娱乐室、卫生服务站、居家养老服务中心、连心家园。如何把这些功能室充分利用起来，为社区老年人提供更多的休息、放松、聊天、娱乐的空间和载体，为此，社区党支部经过精心谋划，结合"亲情牵手"公益项目的申报与开展，在社区专门建立了面积达100余平方米的活动工作室。工作室有的放矢地开展工作，运用社会工作专业方法进行专业性的个案辅导和小组活动。聚焦辖区老年人群体诉求，以社区党群服务中心、居家养老服务中心、红马甲广场等场所为主要阵地，开设老年大学，将"家门口的老年大学"打造成"银龄群体"幸福快乐的精神家园。

三是精心组织活动。在深入践行以人民为中心的发展理念的实践中，双桥街道通过加强党群服务中心硬件设施优化和软件服务提升，推动阵地聚人气、聚人心，着力在服务环境、服务内容、服务质量上下功夫。例如，社区根据老年人年龄特点，以建党节为活动契机，开展党史知识竞赛、英雄人物大家猜、红色电影配音与红歌趣味接唱活动，通过形式多样的活动回望党的历史，激励向上之心，畅聊成长之路。同时，邀请专业心理咨询师针对失独家庭特点开展心理疏导与情绪控制讲座，根据季节特点，开展日常养生小常识讲座，舒缓心理压力，缓解低落情绪，提升失独老人的健康意识。同时，社区组织老人开展户外拓展活动，通过户外活动，让老人们在交流中互相分享自己的感受，互相开导，互相支持，释放自己压抑的情绪，提升服务对象生活质量，使自身情绪得到一个良好的改善。

实践证明，"党建红盟"一核多元共治体系强化了社区党组织的核心地位，在推动社区工作发展中发挥了关键性的引领作用，具体表现为：优化了社区服务和社区工作站职能，发挥了辖区单位参与社区治理作用，使社区治理主体的职能发挥与力量整合实现最优化；激发了社区活力，实现了从"单一行政管理"向"多方协商治理"的转变；提升了社区服务功能，由政府主导转变为以居民实际需求为导向，注重供需对接，服务效能得到较大提升。通过开展形式多样的活动，社区与"两新"组织的联系和沟通更加密切，"两新"组织参与社区建设的积极性更高，与社区居民的关系更加融洽。

党建落地，治理才能向下扎根；治理根深，服务才能枝繁叶茂。以双桥街道创建社区"党建红盟"一核多元共治体系的实践来看，通过多元共治，社区党组织加强了，社区队伍带好了，为民服务做优了，党建引领"三社"融合，"红盟"助推社区治理的工作模式在实践中取得了良好效果。同时，这一做法经过进一步的经验提升后，也先后被民政部《社区》杂志、《江苏先锋》、扬州网、扬州日报等媒体进行了宣传报道。"党建红盟"一核多元共治体系的实践创新，注重发挥社区治理的合力作用，进一步彰显了党建引领基层治理的实际意义。

一是通过创建"党建红盟"，推行街道大党工委、社区大党委制，选派兼职委员和党组织"第一书记"，社区党组织牵头抓总和领导核心作用明显增强，实现了社区党建由单位制"小党建"向区域化"大党建"转变，形成了以社区党组织为核心，驻区单位党组织、帮扶单位党组织、"两新"党组织为基础和社区内全体党员共同参与的区域化党建新格局，培育和引入社会组织等社会力量提供专业社区服务，使社区各方都成为社区服务和公益事业的参与者和获益者。

二是通过引导各方力量共同参与社区事务，较好地整合了社会资源，进一步激发了社会活力,实现了从"单一行政管理"向"多方协商治理"的转变。在各类民生事项中,辖区内社会组织、义工、"两代表一委员"等众多力量通过提出建议、提供资金、提供场地资源等方式踊跃参与,形成了党委政府强力推进、社会组织紧密配合、辖区单位大力支持、社区居民积极参与的良好局面。

三是各类专业服务力量的加入,形成了以社区党组织为核心,社区工作者专业服务团队与驻区单位党员志愿者双向共同参与的社区服务新模式,有效地解决了社区服务体系不够健全、服务领域不够宽广、服务方式比较单一的问题,拓宽了社区服务途径,让居民享受到更加便捷、丰富、均衡的社区服务,也使服务形式和内容更为多样,增强了对居民的回应性。社区服务由政府主导转变为以居民实际需求为导向,注重供需对接,服务效能得到较大提升。

四是"党建红盟"坚持把践行为人民服务的根本宗旨贯穿始终,着眼于满足群众多元化的服务需求,发动辖区党组织共同参与、共同投入,通过形式多样的活动,社区与"两新"组织的联系和沟通更加密切,"两新"组织参与社区建设的积极性更高,与社区居民的关系更加融洽。社区居民对议事决策、执行监督等社区事务的广泛参与,推进了基层民主建设,社区党员干部与群众联系更紧密,组织发动群众参与社会建设、整合社会资源、运行民主协商方法开展工作的能力明显提高,辖区群众的满意度不断提高,融洽了党群干群关系,促进了社区和谐稳定。

打造"智能治理""高效协作"的养老服务体系

进入21世纪以来，我国老龄人口数急速增长。《国家人口发展规划（2016—2030年）》指出，2030年60岁及以上老年人口占比将到达25%左右，也就意味着，平均每4个人里就有1个是老年人。养老问题已经成为政府、社会日益关注的重要问题。为积极应对人口老龄化，党的十九届五中全会将积极应对人口老龄化上升到国家战略的高度。如何更快更好地创造高质量养老环境，已成为亟须解决的问题。

扬州是全国老龄化程度较高、老年人口较多的地区。截至2022底，全市60周岁以上老年人口占户籍人口比例达27.11%，其中，80岁以上老年人口占老年人口比例达14.78%，呈现比较明显的老龄化、高龄化趋势。随着老龄化程度不断深入，养老服务，尤其是居家养老服务的需求越来越多，政府直接提供公共服务已不能满足老年人的服务需求，如何满足个性化、多元化的养老服务需求，已成为迫在眉睫的问题。2013年，国务院提出政府向社会力量购买服务，将部分政府承担的职能，通过"购买服务"这一市场化的手段，利用各方资源，实现服务供给多元化。2022年，扬州市被确定为第二批全国居家和社区基本养老服务提升行动项目试点地区，通过项目实施共为经济困难的失能、部分失能老年人建设了4100张家庭养老床位，同时开展居家养老上门服务。截至2023年底，扬州备案登记、正常运营的养老机构有 113 家，其中公办机构 75 家，民办机构 38 家。全市养老机构现有总床位数 23403 张，其中护理型床位数 16942 张。已有 71 家机构通过等级评定验收，其中五星机构 2 家（市社会福利院、玖玖江南护养中心竹西店）、四星机构 3 家、三星机构 45 家。全市累计建成 165 个颐养社区，已覆盖 60% 主城区社区。

创建"老年友善医院"，破解老年人就医难题

随着老龄化社会的到来，作为基础疾病相对较多的老年人，成为就医的重要群体。为弘扬中华民族尊老敬老、养老助老美德，提供老年友善服务，加快老年健康服务体系建设，不断优化老年人就医环境，为老年人提供一个友善、安全、便捷、适宜的医疗服务，扬州友好医院成立创建老年友善医院领导小组，并制定工作方案，积极推进老年友善医院各项软硬件的建设。所谓"老年友善医院"，就是为老年人在就医方面提供方便，为老年在应用智能化就医手段时遇到的问题提供帮助，从而营造尊老、敬老、爱老、助老的氛围，为老年人提供全方位的优质医疗服务。

多措并举，看病提供便利。为方便老年患者就诊，医院在就诊流程上作了极大优化，比如门诊窗口设置多个人工挂号及现金收费窗口，70 岁以上的老年人优先挂号缴费的窗口就不少于 2 个；每层病区还有专门方便老年人入住的老年病房。此外，医院的电子显示屏、宣传栏随处可见关心关爱老年人，保障老年人权益，维护老年人尊严的宣传内容。门诊立式宣传屏不定期有各种就医须知、温馨提示、敬老举措；医院还定期组织专家赶赴周边各个老小区开展尊老、助老、护老等宣传和义诊公益活动。

随处可见的志愿者和便民服务。为让老年患者就医便捷又暖心，医院内随处可见导诊的志愿者和辅助设施，在医院门诊设有爱心助医志愿服务站，驻点

5 / 治理高效、人民幸福的"好地方"

的志愿者现场协助老年患者使用智能自助设备，协调老年人优先办理业务。门诊导医台设置老年人业务服务处，备有应急轮椅人工借用点，雨伞、便民服务箱，以防突发事件急需相应物资，如手部消毒液、口罩、老花眼镜、放大镜、便民量血压、测血糖等，全面呵护老人健康。院内环境、设施等均符合老年人需求，出入口设置有方便老年人上下车的临时停车区和安全标识，并配备有轮椅、平车。

患者认可，看病住院感到放心。83岁的徐奶奶，是医院的"老病号"。因为身患心脏病以及其他慢性疾病，她这几年几乎每年都要住一两次院。她动情地说："友好医院为我们老人想得很周全，到这里看病住院我很放心，子女也能安心，医护人员对待病人像亲人，这里是我的第二个家。"

特别值得一提的是，医院健康驿站每月至少组织一次健康义诊活动（新冠疫情期间除外），以医院专家骨干为主的义诊，搭建为老人服务的平台，把优质

医护人员为老年人量血压（扬州友好医院公众号供图）

扬州 是个"好地方"

医疗服务免费送进乡镇、社区，为老年人除病解痛，经常性开展针对老年人的健康宣教讲座，把健康送到老年人的家门口，不断提升老年人的健康意识和健康观念。友好医院联合五亭社区举行了"孝老爱亲，向上向善，温暖重阳"关爱老年健康义诊活动。

多措并举，让老年人吃上暖心餐放心餐

多点布局，让老年人吃得开心。聚焦老年人吃饭难问题，江苏省扬州市委、市政府连续多年将"改造提升社区助餐点"作为落实"省政府民生实事养老服务项目"重要工作内容，通过建设中心厨房、助餐点或依托养老服务机构、委托第三方餐饮企业配送餐等方式，探索形式多样的助餐、送餐模式，加快推动构建老年助餐服务体系，让老年人吃得开心、暖心、放心。围绕空间不足、场地受限等问题，扬州市民政局将助餐点建设纳入颐养社区建设、农村互助睦邻点建设的重点内容，通过新建、改建、整合等方式，盘活建成一批嵌入社区、深入农村的老年助餐点，让助餐服务更加触手可及。

江都区仙女镇龙城社区助餐点位于区老年活动中心内，每天用餐前后，老人们都会相聚在此，或交流谈心，或运动健身，上演一幕幕温馨的"老友记"。在龙城社区助餐点，老人只需花 10 元，就能享受两荤一素一汤的营养套餐。同时，助餐点还特别针对老年慢性病人提供糖尿病餐、高血压餐，老人随心选择、丰俭自便。江都区丁伙镇延庆村结合农村互助颐养睦邻中心建设，对农村助餐点进行升级改造。桌椅宽敞舒适、环境干净卫生，消毒柜里碗筷摆放齐整，工作人员着装整齐，起锅、装盘、打包……忙得热火朝天，新鲜烹制的菜肴香味扑鼻。"饭菜荤素搭配、有滋有味，非常适合老年人口味！"前来用餐的独居老人高奶奶乐呵呵地说，以前每天为做饭发愁，现在在家门口就能享口福，暖胃又暖心。

多元参与，让老年人吃得暖心。为推进老年助餐服务从保基本向优质化发展，实现"从有到优"的转型升级，扬州市各地民政部门因地制宜，吸引第三方机构、爱心企业、慈善组织、网格员、亲属邻里等多方主体共同参与老年助餐服务，营造敬老爱老的良好氛围。

在扬州生态科技新城，恒爱志愿者协会联合爱心商家"橘哩餐厅"一起开办了恒爱长者食堂，为周边社区老人提供周一至周五的午餐。针对不同年龄段的群体，这里的助餐标准也不一样。据恒爱志愿者协会会长杨青介绍："60~69岁老人每人每餐可获6元的补助，70~79岁老人可获9元的补助，80~89岁老人可获12元的补助。针对特困老人，协会全额补助，个人无须负担费用。"在梅岭街道邗沟社区，每天由"中央厨房"的志愿服务者们为独居、空巢老人等制作健康餐，并配餐送餐。该社区采取"中央厨房+社区配送"运行模式，打通老人就餐服务"最后一公里"。江都区丁伙镇延庆村则探索将为老助餐与邻里互助相结合，招募低龄健康老人成为送餐志愿者。"麻烦帮我打包3份！"今年62岁的王连娣就是一名送餐志愿者，每天上门为行动不便的高龄老人送餐。像她这样热心的送餐志愿者，村里还有3名。志愿者每提供一次送餐服务可以获得3个"福豆"，累计一定额度的"福豆"后，可以兑换深度保洁、理发修旧等专业服务或食品粮油、家庭清洁用品、小型家电等物资。

多重保障，让老年人吃得放心。为确保老年助餐服务质量，扬州各地严格按照老年助餐点建设标准要求，严把消防和食品安全关，通过常态化巡查，动态掌握助餐点的设施设备配置、食材采购流程、食品卫生安全、运营投入支出等情况。江都区依托"都享福"智慧养老平台实现老年人助餐服务动态管理，为全区"中央厨房"、老年助餐点配备智能终端，完成老人基础信息收集录入，实现扫脸识别、刷卡支付等功能，精准统计就餐人数及类型。高邮市民政部门和市场监管部门定期开展老年助餐服务检查。通过联合督查，严把食品质量关，让老人们吃得安全、放心。此外，两部门还畅通反馈渠道，通过各自微信公众号公布投诉及咨询电话,在村(社区)设置意见箱,广泛接受群众关于老年助餐服务的意见建议,进一步提升助餐服务水平。

在家"建"床,安心养老

紧盯需求,精准服务暖人心。扬州各地广泛开展宣传、重点摸排、实地走访,对老年人的居住环境、身体状况、自理能力等要素进行精准评估,按照不同类型居家老年人具体服务需求,提供多元化、精准化的养老服务,切实做到一户一案、一人一策。仪征市月塘镇杨奶奶一直患有基础疾病,属于低保家庭,生活比较困难,老人年龄较大,腿脚不便,家中设施设备老旧,电线老化,缺少辅助性适老化产品,经过前期第三方入户评估,并通过与老人及家属的沟通了解其实际需求,确定了改造方案再进行施工,真正做到让老人放心满意。仪征市像杨奶奶这样有特殊适老化改造需求的老年人还有很多:月塘镇六松村基本设施比较全面且施工空间较大,村里的老人较多选择淋浴房改造或者蹲便器改坐便器;陈集镇的老人多为失能半失能,较多配备了护理床、轮椅和助行器等产品;马集镇部分老人家里存在电线杂乱、线路老化等情况,施工单位对老旧线路进行更换,并重新规整,保障老人用电安全。宝应县曹甸镇三元村王益付,是一位部分失能的特困老人。在使用了扶手、手杖、放大镜指甲钳等适老化产品后,激动地表示:"政府现在的政策真好啊,为我安装了扶手,加装了热水器,铺上了防滑垫,就连洗澡也可以坐在专门的凳子上,我上厕所、洗澡方便了很多,也安全了很多,想得非常周到,真的很好,感谢感谢!"相比机构养老,家庭养老床位的需求和供应对接得更加精准,根据老人的实际需求,制定灵活多样、可选择、可搭配的精细化服务包,确保老年人真正得到实惠。

智慧助老,数据赋能强支撑。扬州坚持从老年人实际需求入手,强化数据赋能科学匹配,加速实现"数据围着服务跑,服务围着群众跑",全力推动家庭养老床位改造效益最大化。通过智能设备入户，为老人家庭安装具有"一键呼叫"、健康监测、语音和视频通话、视频监护、警报感应等功能的智能化设备，与养老服务综合监管信息平台连接，为老年人构建家庭应急服务网络。同时，以政府购买养老服务的形式，由专业的社会组织为失能半失能老年人提供生活照料、医疗保健、家政服务、紧急救援、精神慰藉等居家养老服务，实现老年人呼叫求助和"一站式"24小时服务。

孙万宏今年76岁，是一名特困供养人员，独自居住在高邮市车逻镇车逻村。他的家里床头配置了紧急呼叫按钮，遇紧急情况能一键呼救；卧室墙上及门框安有智能红外线摄像头和门磁报警器，长时间未走动的话，后台探测器会自动报警……考虑到孙万宏爱好抽烟及独居特点，他家中还专门安装了烟雾报警器。"养老床位安在家里，挺好。"孙万宏老人不善言辞，简单质朴的话语里不难听出他对改造过的家很满意。早前村里安排他去敬老院居住，但孙万宏自认年纪还行，偶尔干点杂活也能赚点收入，婉拒了村委会工作人员的请求，自从高邮市民政局开放家庭养老床位申报后，村里第一个给孙万宏报了名，有了智能化设备的"云照料"、助老员定期上门服务、网格员每周探访，孙万宏的居家养老生活可谓"美滋滋"。

有别于以往的普惠性政府购买居家服务，家庭养老服务，将机构养老床位和专业化养老服务"搬"到老人家中，让老年人在家享受到专业化的照护服务，在一定程度上解决了有照料需求但是暂时不需要或没有养老院入住意愿的老年人的照护问题。其服务内容不仅限于家庭清洁、助餐助浴，还包含上门诊疗、康复护理、精神慰藉及紧急救援等"专业性"服务。多样化的服务既满足老年人的需求，也在一定程度上弥补了老年人的照护短板。

"今天的血压一切正常，要注意还是按之前的医嘱每天吃降压药。"江都居家乐养老服务中心的工作人员正在家床改造对象的家中帮助老人监测身体情况，这样的上门服务，每周都会进行一次。

为将家庭床位的作用发挥到最大，高邮市民政局在家庭养老床位项目实施公开招标时，明确提出中标服务商须开展失能老年人家庭成员照护培训的要求。中标服务商分别开展失能老年人照护培训，收获了老年人家属的一致好评。培训中，授课老师细化护理难点和注意事项，分别从老人的日常照护、常见居家急救措施、体位转移照护、老年人饮食照护等多个方面进行讲解与示范，通过"理论知识+实际操作"结合的模式，讲透失能失智老年人护理中的要点、重点、关键点。"授人以鱼不如授人以渔"，通过开展家庭成员照护培训，提高失能老人家庭照护能力，让"老有所养"落到实处。

"一站四点"营造"步行 5 分钟服务圈"

荷花池社区面积 0.65 平方公里，有 8 个自然小区和两个平房区，居民 3330 户，常住人口 8944 人。嘉荷苑小区与社区其他小区中间被南部快速通道（江阳路）隔开，小区之间有围墙分隔，封闭式管理使社区空间呈现分散化、区隔化特征。"天然"的空间结构是居民接受社区服务的物理障碍，"最后一公里"无法从根本上满足居民的实际需求。经测算，约 8% 的老年人到社区党群服务中心办事的"时间距离"在 15 分钟以上。尤其是位于南部快速通道（江阳路）以南的嘉荷苑小区，居民到路北的党群服务中心办事，必须横穿马路，更为不便。此外，荷花池社区还是一个典型的老旧社区，不仅基础设施老，而且老年居民也多，是一个深度老年化的社区，社区常住人口 8944 人，60 周岁以上的老年居民占比达 20%，高于全国、全省、全市的平均水平。"为老"是社区服务的第一要务，老年人希望能将社区服务从党群服务中心"下移"到小区里来，让社区服务更加贴近他们。

过去，社区治理与服务仅有"一站"——社区邻里中心（社区党群服务中心），其弊端是造成社区治理与服务过于"中心化"，"中心"以外的小区（居民点）被"边缘化"，治理与服务的资源分配在中心与边缘之间显著不均，使得社区居民的参与度随距离"中心"的远近而渐弱或渐强。为了解决上述问题，荷花池社区开始探索"一站四点"特色工作法，旨在利用网格化的基础，营造"步行5分钟服务圈"，促进全体居民拥有更多的获得感、幸福感和安全感。

理念："精细治理 + 精准服务"

在深化社区治理服务创新实践中，荷花池社区"一站四点"以居民满意为导向，坚持"精细治理 + 精准服务"的理念，以不断优化社区治理服务结构，整合社区服务资源，提升社区治理服务水平，用法治化思维和方式引导居民理性、有序地参与社区公共事务管理；以探索党的群众路线在新时期的实践方式以及辖区治理的现代化，加快构建党委领导、政府主导、社会协同、公众参与、法治保障的社会治理体系。

架构："一站四点"的架构有两个要点

一是点的功能与性质。"一站四点"的"点"，其功能定位是"多功能"或"复合功能"，功能设计具有开放性。如它们既是网格工作人员（网格社工）的工作室和二级支部（包括网格支部）的活动室，又是居民议事与活动的专属空间；既是社区民情民意搜集的中心（民情气象站），又是年轻社区工作者初入职的培训站点；既是社区"微服务"的实践平台，又是社区党建的"微阵地"。从性质上，"一站四点"的"点"既属于社区工作者，更属于相应的社区居民。二是"点"和"站"（中心）的关系。一方面，在功能和性质上，"点"和"站"具有一致性。居委会的职能从服务中心（站）向"点"下移，变过去的"一站"服务为现在的"一站+多点"服务。另一方面，"点"的功能受条件制约不可能与"站"完全一致，"站"的社区功能更集中更全面，而"点"的功能则相对侧重，甚至"一点一特色"。比如，有的侧重居民协商议事、有的侧重小区（网格）矛

扬州是个"好地方"

盾调解、有的侧重社会组织发展、有的侧重专业社工开展项目、有的侧重居家养老服务、有的侧重居民文化活动。总之,"点"的居民属性强于"站",其行政性较弱。

"一站四点"的基本架构初始是如上的两个层次,未来,可探索建立第三层次,如在有条件的居民楼建立功能相对单一的"楼栋点"。此外,"一站四点"受室内条件制约,使得"点"的分布出现真空——部分小区(网格)无"点"。为此,可探索用室外开放场地(亭廊广场)建"点"。2018年,荷花池社区"一站四点"建设重点是"四点"——颐荷园、颐心园、颐乐园、颐惠园,2019年,将重点放在家门口"三微"(微治理、微文化、微服务)空间营造上,利用廊、亭、角造"点",进一步完善了"一站四点"的空间体系。

方法:空间营造 + 服务下沉 + 自治回归

荷花池社区"一站四点"的社区治理服务创新分别从社区公共服务点的空间营造、社区服务零距离建设、居民自治的社区居委会功能再造三个方面入手,并通过整合资源式、服务下沉式和民主协商式三种方式展开。

一是提升基础设施。"一站"指全科社工工作站,设在社区党群服务中心,集聚了11名全科社工,硬件设施较为完善,设有茶吧式布局,居民进门就能感受到温馨。墙上的电子显示屏滚动播放居民关心的社区动态,电脑里建立了翔实的民生档案和老年人口健康档案。"四点"指颐荷园、颐心园、颐乐园、颐惠园四个网络集成服务点。其中,颐荷园拥有面积达200平方米的服务空间(楼上下二层),位于荷花池小区4幢和5幢之间,先后建成了家庭医生工作站、助餐点、健康小屋、长者服务中心、好人驿站、图书阅览室、"鸟叔"工作室、书画工作室等设施。颐心园拥有面积达70平方米的服务空间,位于安墩新寓66号,属于平房。先后建成了曜阳老年服务点、休闲娱乐室等。颐乐园拥有面积达100平方米的服务空间,位于嘉荷园小区商业楼三楼。先后建成了乒乓球室、休闲娱乐室、多功能室等。颐惠园拥有面积达90平方米的服务空间，位于苏农一村一号楼。

二是构建红色引擎。社区党委在各个站点都建立了相应的"党群服务微家"，引导和激励党员把先锋模范作用聚焦到服务上，落脚到民生上。许多党员努力"把形象树起来，把居民带起来，把责任担起来，把实事干起来"，形成了活力四射的"红色引擎"。据不完全统计，党员认领微心愿60多个，一对一结对家庭35户，参加志愿服务达千余次等。

三是推行集成服务。"一站四点"有效形成了集成化的服务功能，依托"全科社工"，居民的诸多服务需求都能够在家门口解决，同时享受到更多的福祉。各站点瞄准不同人群推出"真情服务包"，包括适用老年居民的"夕阳包"，内装健康手册、急救药品、网格集成服务券等；适用青少年的"彩虹包"，内装有益读物、网格集成服务券等；适用残疾人的"关爱包"，内装康复训练指南、网格集成服务券；适用党员的"星星包"，内装学习材料、网格集成服务券；适用待业人员的"就业包"，内装创业服务中心职能介绍、网格集成服务券等。有目共睹的是，依托"一站四点"有效形成了"以居家养老为基础，以专项服务为抓手，以医养结合为特色，以社会关爱为延伸"的社区养老模式。

四是活化居民自治。在居民自治方面，各站点成功探索了"居民小板凳议事会"制度，就居民关心的热点、难点、焦点等问题，展开深入讨论，让大家把话说够，把理说够，最后求得符合最大公约数原则的共识。社区明确，只要有10户居民联名提议，各站点就必须在第一时间召开相关专题的"居民小板凳议事会"，一般情况下，少数服从多数，特殊事项，由社区党委统筹兼顾，作出决策。为了加强邻里和睦，各站点建立了一支深受居民信任的"和事佬"队伍，社区推出了"三多三少"调解工作法，即"多讲小道理、少讲大道理；多讲心里话，少讲官场话；多讲暖心话，少讲绝情话"，成功地将许多矛盾化解在萌芽状态。

扬州 是个"好地方"

成效：做到党建到网格、服务到网格、自治到网格、维稳到网格、信息到网格

以党建工作为例，社区党委在各个站点都建立了相应的"党群服务微家"，引导和激励党员把先锋模范作用聚焦到服务上，落脚到民生上；在服务民生方面，"一站四点"形成了集成化的服务功能，依托"全科社工"，居民的诸多服务需求都能够在家门口解决，同时享受到更多的福祉；在居民自治方面，各站点因地制宜经常召开各种话题的"圆桌会议"，就居民关心的热点、难点、焦点等问题，展开深入讨论，在赋予大家更多的知情权、话语权、参与权和监督权的条件下，更好地把自家的事管好。荷花池社区"一站四点"工作法，实现了"化大为小、化远为近、化粗为细、化虚为实"，同时符合"上下互动、左右联

"廉政端午"活动（扬州民政公众号供图）

动、天天行动、居民感动"的要求,让社区在全方位服务下沉的过程中较好地体现"把困难留给自己,把方便送给居民"的赤诚情怀。通过强化服务、优化服务、细化服务、固化服务,进一步提高全体居民的幸福指数,提升对党委和居委会工作的满意率和满意度。

随着我国老龄人口的不断增加,养老正成为我们必须面对的一个重要社会问题。从扬州市养老服务体系建设的实践来看,积极发展养老事业和养老产业,是应对人口老龄化的现实要求,必须有实实在在的措施。随着社会的发展,只有扎实推进养老事业和养老产业协同发展,才能在深度老龄化社会到来之前增强底气。老年人作为社会的重要组成部分,对于家庭和睦与社会和谐有着特殊的作用。养老问题解决得好,不仅家庭成员之间的关系更加和睦,而且能够形成良好社会风尚,推动和谐社会建设。如何让老年人在退休之后老有所养,老有所乐,老有所为,是全社会需要思考的命题,推动养老事业和产业的协同发展是我们应对人口老龄化的必然选择。诚然,人口老龄化对社会来说是挑战,也是机遇。目前我国老年人口规模巨大,老年市场需求日趋旺盛,随着养老服务业、老年休闲产业的迅速发展,将会催生更多新业态、新产业,成为推动经济高质量发展的有力支撑。

后 记

扬州是1982年国务院首批公布的24座历史文化名城之一,自公元前486年吴王夫差开邗沟、筑邗城,扬州与大运河同生共长,至今已有2500多年建城史。在中国历史上,扬州因其独特的地理位置和优越的自然环境,自汉代至清代几乎经历了通史式的繁荣,有"淮左名都,竹西佳处"之称和"中国运河第一城"的美誉。

当前,在推进中国式现代化的进程中,扬州已发展成为江苏长江经济带重要组成部分、南京都市圈成员城市和长江三角洲中心区城市。2020年11月13日,习近平总书记亲临扬州视察时指出:"扬州是个好地方,依水而建、缘水而兴、因水而美,是国家重要历史文化名城。特别是文明文化、历史古城,在全国都很有分量。"

近年来,扬州在推进现代化建设实践中取得的成就有目共睹,在各方面有着可圈可点的好故事,也充分彰显了扬州这个"好地方"的独特魅力。我们组织编写《扬州是个"好地方"——中国式现代化的扬州故事》一书,旨在通过此书向读者介绍扬州作为一座古老而又充满活力的城市,她有着怎样的过去,发展的现在和美好的未来,以此让更多的人了解扬州,向更多的人展示中国式现代化在一个城市的实践进程和发展成效。由于中国式现代化是一个不断发展着的实践进程,本书选取的故事和案例可能不一定能完整、准确、全面地展示扬州推进中国式现代化实践的最新图景,但我们会不断关注中国式现代化的扬州新实践取得的新成效，希望通过本书的故事和案例能提供扬州发展实践的好经验、好做法。

本书由中共扬州市委党校（扬州市行政学院）的教师集体编写。在编写前期，编写组成员做了大量的调研咨询工作，也得到了扬州各相关单位和部门的大力支持和有力配合。各单位和部门提供的有价值的资料、提出的对策性建议，为此书的编写发挥了重要的推动作用。本书在编写过程中，从实际出发，集思广益，各章撰写工作分工如下：第一章由王向东、吴玲、鞠恬、梁芹、姜向群撰写，第二章由周娟、陈海生、董娜娜撰写，第三章由英霞、胡云、刘敏撰写，第四章由孙凤娟、征国忠、王俊华、刘林山撰写，第五章由陆玉珍、王利雪、张伟娟、梅雨桐撰写。感谢各位作者的倾力付出。

中共扬州市委党校（扬州市行政学院）党委书记、常务副校长王岚峰始终关心、推动着本书的编写、出版，并为本书作序。

中共扬州市委党校（扬州市行政学院）科研处张莹、仲远风等同志为协调编写工作做了大量工作。国家行政学院出版社做了细致的编辑出版工作，在此一并感谢。

限于时间、学识和水平有限，编写疏漏在所难免，敬请各位读者批评指正。

编者

2024年12月